| 新型工业化丛书 |

数字化转型赋能新型工业化

理论逻辑与策略路径

贾子君 张 朝 鲁金萍 等 著

电子工业出版社
Publishing House of Electronics Industry
北京·BEIJING

内 容 简 介

数字技术和实体经济深度融合是新型工业化的鲜明特征，数字化转型是推进新型工业化的必由之路。本书聚焦以数字化转型支撑赋能新型工业化这一主题，从理论背景、现实基础、总体方案、行业路径、对策建议等维度进行深入分析和详细阐述，旨在为政界、学界和产业界提供借鉴参考。

本书适合数字化转型从业人员、产业规划从业人员及相关研究人员阅读。

未经许可，不得以任何方式复制或抄袭本书之部分或全部内容。
版权所有，侵权必究。

图书在版编目（CIP）数据

数字化转型赋能新型工业化 ：理论逻辑与策略路径 / 贾子君等著. -- 北京 ：电子工业出版社, 2024. 11. (新型工业化丛书). -- ISBN 978-7-121-48790-3

Ⅰ. F120.3

中国国家版本馆 CIP 数据核字第 2024137SB9 号

责任编辑：关永娟　　　文字编辑：刘　茜
印　　刷：三河市良远印务有限公司
装　　订：三河市良远印务有限公司
出版发行：电子工业出版社
　　　　　北京市海淀区万寿路 173 信箱　　　邮编：100036
开　　本：720×1000　1/16　　印张：14　　字数：224 千字
版　　次：2024 年 11 月第 1 版
印　　次：2025 年 4 月第 3 次印刷
定　　价：69.00 元

凡所购买电子工业出版社图书有缺损问题，请向购买书店调换。若书店售缺，请与本社发行部联系，联系及邮购电话：(010) 88254888，88258888。
质量投诉请发邮件至 zlts@phei.com.cn，盗版侵权举报请发邮件到 dbqq@phei.com.cn。
本书咨询联系方式：(010) 88254154，guanyj@phei.com.cn。

新型工业化丛书

编委会

主　编： 张　立

副主编： 刘文强　许百涛　胡国栋　乔　标　张小燕
　　　　　朱　敏　秦海林　李宏伟

编　委： 王　乐　杨柯巍　关　兵　何　颖　温晓君
　　　　　潘　文　吴志刚　曹茜芮　郭　雯　梁一新
　　　　　代晓霞　张金颖　贾子君　闫晓丽　高婴劢
　　　　　王高翔　郭士伊　鲁金萍　陈　娟　于　娟
　　　　　韩　力　王舒磊　徐子凡　张玉燕　张　朝
　　　　　黎文娟　李　陈　马泽洋

序言
Foreword

工业化推动了人类社会的巨大进步，也深刻改变着中国。新时代新征程，以中国式现代化全面推进强国建设、民族复兴伟业，实现新型工业化是关键任务。党的十八大以来，习近平总书记就推进新型工业化的一系列重大理论和实践问题作出重要论述，提出一系列新思想新观点新论断，极大丰富和发展了我们党对工业化的规律性认识，为推进新型工业化提供了根本遵循和行动指南。2023年9月22日，党中央召开全国新型工业化推进大会，吹响了加快推进新型工业化的号角。

实现工业化是世界各国人民的期盼和梦想。18世纪中后期，英国率先爆发工业革命，从而一跃成为世界强国。19世纪末，德国、美国抓住第二次工业革命的机遇，也先后实现了工业化。世界近现代史反复证明，工业化是走向现代化的必经之路。习近平总书记强调，工业化是一个国家经济发展的必由之路，中国梦具体到工业战线就是加快推进新型工业化。新中国成立以来，我国大力推进工业化建设，积极探索新型工业化道路，用几十年时间走完西方发达国家几百年走过的工业化历程，取得了举世瞩目的伟大成就，为中华民族实现从站起来、富起来到强起来的历史性飞跃提供了坚实的物质技术基础。

2023年4月，工业和信息化部党组决定依托赛迪研究院组建新型工业化研究中心，旨在学习研究和宣传阐释习近平总书记关于新型工业化的重要论述，深入开展新型工业化重大理论和实践问题研究。一年多来，形成了一批重要研究成果，本套丛书便是其中的一部分。

数字化、绿色化是引领时代变革的两大潮流，实现新型工业化必须加快推进数字化、绿色化转型。《数字化转型赋能新型工业化：理论逻辑与策略路径》一书认为，数字化转型正在深刻重塑人类社会，要充分发挥数字化对新型工业化的驱动作用，加快制造业发展方式的根本性变革。《数据基础制度：夯实数据要素市场根基》认为，数据基础制度建设事关国家发展和安全大局，要加快完善我国数据基础制度体系。《算力经济：生产力重塑和产业竞争决胜局》提出，通过算力技术的创新和应用，能够发展新质生产力，推动传统产业的数字化转型和智能化升级，培育壮大新兴产业，布局建设未来产业。《融合之力：推动建立"科技—产业—金融"良性循环体系研究》一书，总结了美、德、日等国推动科技、产业、金融融合互促的主要做法，并提出了符合中国国情和发展阶段的总体思路与具体路径。《"双碳"目标下产业结构转型升级》从重点行业、空间布局、贸易结构、风险防范、竞争优势等方面论述了产业结构转型升级问题，并从体制机制、要素保障、政策体系等层面提出对策建议。

推进新型工业化，既要立足国情，体现中国特色和中国场景，也要树立全球视野，遵循世界工业化的一般规律。《产业链生态：机理、模式与路径》一书认为，当前全球经济竞争已经进入到产业链竞争的时代，该书构建了产业链生态的"技术层-生产层-服务层-消费层-调节层"五圈层结构理论，提出了构建产业链生态的筑巢引凤、龙头带动、群星荟萃、点线面递进、多链融合、区域协同六种典型模式。《制造业品质革命：发生机理、国际经验与推进路径》认为，世界制造强国在崛起过程中都会经历"品质"跃升阶段，纵观德国、日本、美国的工业化历程莫非如此，我国也要加快推进制造业品质革命。《瞰视变迁：三维视角下的全球新一轮产业转移》指出，产业转移是不可避免的全球经济规律，对促进全球工业化、科技创新等有积极意义，应系统全面评估产业转移对新型工业化的综合影响，积极谋划并提前布局，增强在全球产业链供应链空间布局中的主动性。《跨越发展：全球新工业革命浪潮下中国制造业发展之路》通过国际和国内比较，对中国制造业实现跨越式发展进行了多维度分析，并提出了可行性建议。从知识层面来说，材料丰富、数据扎实与广泛性构成了此书的显著特色。《面向2035的机器人产业发展战略研究》一书为实现机器人强国战略目标，提出拥有核心关键技术、做强重点领域、提升产业规则国际话语权三大战略举措。

总的来看，本套丛书有三个突出特点。第一，选题具有系统性、全面性、针对性。客观而言，策划出版丛书工作量很大。可贵的是，这套丛书紧紧围绕新型工业化而展开，为我们解决新型工业化问题提供了有益的分析和思路建议，可以作为工业战线的参考书，也有助于世界理解中国工业化的叙事逻辑。第二，研究严谨，文字平实。丛书的行文用语朴实简洁，没有用华丽的辞藻，避免了抽象术语的表达，切实做到了理论创新与内容创新。第三，视野宏大，格局开阔。"它山之石，可以攻玉"，丛书虽然聚焦研究中国的新型工业化，处处立足中国国情，但又不局限于国内，具有较高的研究价值与现实意义。

本套丛书着眼解决新时代新型工业化建设的实际问题，较好地践行了习近平总书记"把论文写在祖国大地上"的重要指示精神。推进新型工业化、加快建设制造强国，不仅关乎现代化强国建设，也关乎中华民族的未来。相信读者在阅读本丛书之后，能更好地了解当前我国新型工业化面临的新形势，也更能理解加速推进新型工业化建设的必要性、紧迫性与重要性。希望更多的力量加入到新型工业化建设事业中，这是一项事关支撑中华民族伟大复兴的宏伟工程。

是为序。

苏波

2024 年冬

前言
Introduction

习近平总书记指出,新时代新征程,以中国式现代化全面推进强国建设、民族复兴伟业,实现新型工业化是关键任务。要完整、准确、全面贯彻新发展理念,统筹发展和安全,深刻把握新时代新征程推进新型工业化的基本规律,积极主动适应和引领新一轮科技革命和产业变革,把高质量发展的要求贯穿新型工业化全过程,把建设制造强国同发展数字经济、产业信息化等有机结合,为中国式现代化构筑强大物质技术基础。在推进新型工业化进程中,如何发挥数字化变革力量,是一项重要的时代命题。为贯彻落实习近平总书记对推进新型工业化作出的重要指示和全国新型工业化推进大会精神,赛迪研究院深入研究了以数字化转型支撑赋能新型工业化的作用机理和实现路径,主要回答以下三个问题:一是关于"是什么",即回答新型工业化和数字化转型的理论内涵以及两者之间的关系;二是关于"怎么样",即回答全球、全国、各地方都开展了哪些工作以及所面临的挑战;三是关于"如何做",即回答以数字化转型支撑赋能新型工业化的总体方案以及各行业、各主体的工作路径。按此逻辑,本书分为二十二章,具体安排如下:

第一章至第四章:着重分析我国工业化发展面临的机遇、挑战和问题,从历史和现实维度系统梳理新型工业化与数字化转型的演进历程和内涵特点,深入研究数字化转型对新型工业化的赋能效应,以及数字化赋能下的新型工业化"七新"特征,为新时期更好以数字化转型支撑赋能新型工业化奠定理论基础。

第五章至第八章:系统分析全球主要国家以数字化转型赋能工业化的主要做法和典型经验,全面总结我国以数字化转型赋能新型工业化取得的工作成效和地方实践,并剖析当前我国面临的突出问题,充分梳理以数字化转型支撑赋能新型工业化的现实基础。

第九章至第十五章:从数字化转型赋能新型工业化进程的策略视角(见图1),

围绕新技术引擎、新要素体系、新生产方式、新组织形态、新产业体系、新发展要求、新治理模式七个方面,系统阐述数字化转型赋能新型工业化的总体方案。

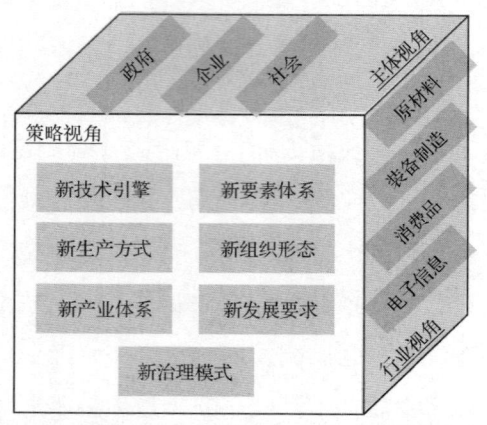

图1 以数字化转型赋能新型工业化进程的策略视角

数据来源:赛迪智库整理,2023.12

第十六章至第十九章:从数字化转型赋能新型工业化进程的行业视角(见图2),深入探讨原材料、装备制造、消费品和电子信息四大重点行业在新型工业化背景下数字化转型的发展趋势,分析典型应用场景,总结行业特色发展路径,为细分行业企业数字化转型实践提供一套方法论和整体解决方案。

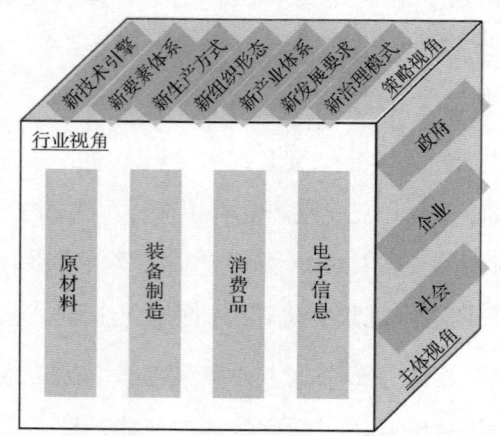

图2 以数字化转型赋能新型工业化进程的行业视角

数据来源:赛迪智库整理,2023.12

第二十章至第二十二章:从数字化转型赋能新型工业化进程的主体视角(见

图 3），立足推动"有效的市场"和"有为的政府"更好结合的基本考虑，提出政府、企业、社会等各类主体以数字化转型赋能新型工业化的对策建议。

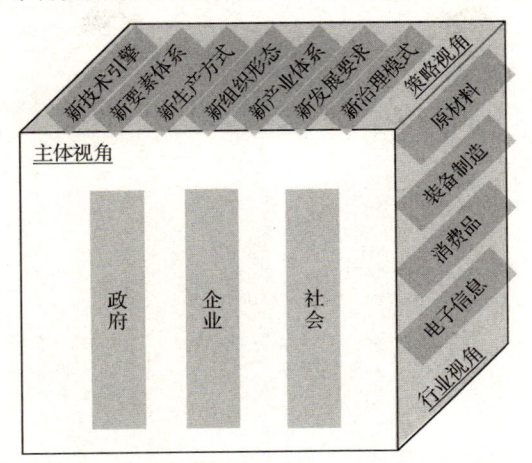

图 3 以数字化转型赋能新型工业化进程的主体视角

数据来源：赛迪智库整理，2023.12

数字技术日新月异，数字化浪潮蓬勃兴起。面对数字化转型为推进新型工业化带来的新路径、新机遇，我们作为一线研究人员，系统开展了前瞻思考并将其集结成册，希望能为有关政府部门、行业企业提供决策支撑。本书难免存在疏漏之处，我们真诚期望能收到各位读者的改进意见和建议。

目录
Contents

第一章
我国工业化发展面临的形势发生深刻变化 / 001

一、第四次工业革命带来重大历史发展机遇 / 002

二、我国工业化发展面临复杂的外部挑战 / 004

三、我国工业发展"大而不强""全而不优"等局面亟待得到根本性转变 / 008

第二章
对新型工业化的认识和理解 / 012

一、新型工业化的提出及演进历程 / 013

二、学术界、产业界对新型工业化的认识 / 017

三、对新型工业化理念要求的认识 / 021

第三章
对数字化转型的认识和理解 / 026

一、数字化转型的演进历程 / 027

二、学术界、产业界对数字化转型的认识 / 029

三、数字化转型的内涵特征 / 032

第四章
数字化转型与新型工业化的关系 / 039

一、数字化转型是推进新型工业化的必由之路 / 040

二、植入数字化基因的新型工业化呈现七大特征 / 043

第五章
全球主要国家以数字化转型赋能工业化的做法 / 048

一、美国：基于数字技术创新引领优势发展先进制造业，保持世界领先地位 / 049

二、德国：全面部署"工业4.0"战略，重振全球领先的制造业标杆 / 052

三、日本：以技术创新和"互联工业"为突破口，打造"社会5.0" / 055

四、韩国：以技术创新推动高端化、智能化发展，力图打造"尖端产业世界工厂" / 058

五、对我国的启示 / 060

第六章
我国以数字化转型赋能新型工业化取得的工作成效 / 062

一、政策体系不断健全 / 063

二、数字基础设施不断夯实 / 073

三、数字技术和产业供给水平显著提升 / 074

四、企业、园区、行业融合应用能力持续提升 / 076

五、跨界融通产业发展生态不断完善 / 077

第七章
地方基于数字化转型推进新型工业化的路径探索 / 080

一、江苏省以评估诊断为切入口，实施"智改数转网联"推动新型工业化建设走在全国前列 / 081

二、浙江省突出梯次培育，发展"产业大脑+未来工厂"新范式促进新旧动能转换构建现代化产业体系 / 085

三、山东省注重发挥工业互联网平台赋能作用，深入开展"云行齐鲁 工赋山东"行动实现综合实力新跃升 / 088

四、江西省注重服务体系建设，开展"千人入万企"行动以评估牵引和服务产业实力提升 / 091

第八章
当前面临的突出问题 / 095

一、关键技术短板突出，短时期难以有效解决 / 096

二、供需未能精准对接，企业转型受渠道限制 / 097

三、企业群体分化加剧，发展不平衡现象明显 / 098

四、新型安全风险涌现，引发社会各界多重担忧 / 099

五、产业生态仍需完善，多维度支持需要加强 / 100

第九章
夯实以软硬耦合为关键的新技术引擎 / 101

一、加快新型基础设施建设，打通经济社会信息"大动脉" / 102

二、推动"数据+算力+算法"协同发展，夯实数字化转型技术底座 / 103

三、完善数字化服务体系，优化解决方案供给质量 / 104

第十章
培育以数据为核心的新要素体系 / 106

一、强化高质量数据要素供给，释放数据要素红利 / 107

二、加快数据要素市场化流通，培育数据要素市场 / 108

三、深化数据要素开发利用机制，激活数据乘数效应 / 109

第十一章
打造以网络化、智能化为特征的新生产方式 / 111

一、加快生产设备智能升级，提高设备利用效率 / 112

二、推广网络化生产方式，加强生产资源共享 / 113

三、推广智能化生产方式，提高制造业生产效率 / 114

第十二章
打造以平台化、链群化为方向的新组织形态 / 115

一、打造扁平化组织架构，激发企业发展活力 / 116

二、以链主带动全产业链转型升级，提升产业链综合竞争力 / 117

三、推动重点产业集群数字化转型，打造实体经济多元增长极 / 118

第十三章
打造以高端化、融合化为目标的新产业体系 / 119

一、数字化赋能质量品牌建设，增强高端产品和服务供给 / 120

二、推动传统产业转型升级，提高产业发展能级 / 121

三、壮大新兴产业和未来产业应用市场，增强产业需求牵引力 / 122

四、深化国际交流合作，促进优质资源双向流动 / 123

第十四章
把握以安全稳定、绿色低碳为底线的新发展要求 / 125

一、推动产业链供应链数字化升级，增强"双链"韧性与稳定 / 126

二、推动安全生产数字化转型，降低产业安全风险 / 127

三、强化数字化绿色化协同发展，支撑"双碳"战略实施 / 128

第十五章
实施以常态化监管、整体智治为原则的新治理模式 / 130

一、创新数字化治理方式，营造常态化监管的发展环境 / 131

二、丰富数字化治理工具，驱动治理效能提升 / 132

三、加强跨部门协作，以数据驱动决策协同 / 133

第十六章
原材料行业：以智能化、低碳化为主导的路径 / 135

一、发展趋势 / 136

二、典型场景 / 139

三、行业路径 / 148

第十七章
装备制造行业：以价值链延伸为主导的路径 / 151

一、发展趋势 / 152

二、典型场景 / 154

三、行业路径 / 160

第十八章
消费品行业：以满足个性化需求为主导的路径 / 162

一、发展趋势 / 163

二、典型场景 / 165

三、行业路径 / 173

第十九章
电子信息行业：以高端精密为主导的路径 / 176

一、发展趋势 / 177

二、典型场景 / 179

三、行业路径 / 185

第二十章
政府层面：打好数字化转型政策"组合拳" / 188

一、注重战略引领，形成数字化转型全国"一盘棋" / 189

二、创新体制机制，激活数字化转型制度"势能" / 190

三、加大资金支持，实现数字化转型精准"滴灌" / 191

四、加强数字人才培养，打造数字化转型"生力军" / 191

第二十一章
企业层面：探索数字化企业成长"新曲线" / 193

一、培育壮大数字化转型服务商，丰富转型服务"资源池" / 194

二、龙头企业先行先试，下好数字化转型"先手棋" / 195

三、中小企业小步快跑，激发数字化转型"内生力" / 197

第二十二章
社会层面：激发第三方主体转型"新活力" / 199

一、加强基础研究创新，提高决策支撑能力 / 200

二、开展咨询评估服务，提高把脉问诊能力 / 201

三、优化转型服务生态，提高供需对接能力 / 201

四、推动标准规范研制，提高贯通发展能力 / 203

后记 / 204

CHAPTER 1 第一章
我国工业化发展面临的形势发生深刻变化

当前，世界百年未有之大变局加速演进，我国工业化面临的形势正在发生深刻变化。从技术演进看，新一轮科技革命和产业变革深入发展，以大数据、人工智能、数字孪生为代表的智能技术正在引领产业迈向全方位、深层次的智能化。世界主要国家都在加紧布局，力图抢占新一轮产业竞争制高点。从地缘政治看，地缘政治紧张局势冲击全球经济，全球化的分工格局正在向区域化逆转，西方对我国的打压围堵不断升级。从国内发展看，我国发展不平衡不充分的问题仍然较为突出，自主创新能力弱，传统资源要素投入方式和粗放型发展方式难以为继，工业"大而不强""全而不优"等尚未得到根本性转变。

一、第四次工业革命带来重大历史发展机遇

（一）新一代信息技术正处于创新突破和跨界融合的爆发期

新一代信息技术在新一轮产业革命中创新最活跃、交叉最密集、渗透性最广。近年来，5G、云计算、大数据、人工智能、区块链等多种技术之间相互支撑、齐头并进，呈现出交叉融合、系统创新的发展态势。基于技术迭代与产业应用的融合创新，引发信息与通信技术领域新裂变。网络与计算从相互独立逐步演进到融合贯通，呈现出以云网融合为代表的新发展。算力由集中云计算走向边缘计算和泛在计算，"云边端"结合的泛在计算模式开始兴起。AI 正加速奔向通用人工智能，多模态预训练大模型成为人工智能基础设施，生成式 AI 应用爆发，推动数字化内容的生产与创造。人机交互、数字孪生、模拟仿真等技术加速实现物理世界和信息世界的实时映射、交互融合，驱动人工智能迈向更高境界。同时，信息技术与制造、能源、材料、生物等领域加速交叉融合，催生出智能控制、智能网联汽车、分布式能源、智能材料、生物芯片等新产品、新业态、新模式。有专家认为，人工智能技术的迭代周期正在成倍递减，从 2022 年 11 月 30 日 ChatGPT 问世至今，通用人工智能领域以 72 小时为迭代周期不断更新，创新活力、集聚效应和应用潜能加速释放。

（二）数字化转型正引发生产力和生产关系深刻变革

数字化转型将数据作为新型生产要素，深度嵌入劳动、土地、资本等传统要素中，引发了生产力和生产关系的系统变革，转变着产业传统发展方式。从生产力看，数字化转型赋予劳动者数字化基因，驱动各类智能终端和数字平台成为重要劳动资料，推动一切可数字化的资源成为新型劳动对象，系统变革生产力作用机制，大幅提升劳动力、土地、资本、技术、管理等传统生产要素的资源配置效率和水平，突破传统发展模式的瓶颈，助力打造指数型经济增长曲线。研究显示，以"数据驱动型决策"模式运营的企业，其生产力普遍可以提高 5%～10%[①]。从生产关系看，数字化转型有利于打破产业各单元间的数据孤岛，重新定义人与生产资料、人与人、人与产品分配之间的关系，推动企业内部劳动关系由合同关系向合作关系转变，劳动报酬由按岗位分配向按贡献分配转变，变革企业价值创造和成果分享机制，全面释放经济创新活力和发展潜力。据 Gartner 预测，到 2024 年，数字化转型驱动企业实现跨部门跨系统的业务流程协同，全面优化人、机、物之间的协作关系，使企业运营成本降低 30%。

（三）第四次工业革命正创造工业化换道超车的难得机遇

从工业革命发展史看，人类已经经历了机械化、电气化、自动化阶段，正在经历以新一代信息技术与制造业融合为显著特征的第四次工业革命。互联网、大数据、云计算、人工智能、区块链等新一代信息技术加速与经济社会各领域，特别是工业深度融合，极大地改变了生产方式、组织模式、商业模式。工厂之间、工厂与消费者之间实现广泛的"智能连接"；生产方式从单点生产、流水线生产、自动化生产向网络化生产演进，从大规模制造向大规模定制转变；工业增值领域从制造环节向服务环节拓展，从业务驱动向数据

---

① 张志清，李云梅，张瑞军. 数据驱动技术创新：能力构成模型与关键流程[J]. 科技进步与对策，2015, 32(16): 7-10.

驱动转变；流程性劳动被智能化设备、AI机器人替代，劳动者由产业工人变为数字劳工。在前三次工业革命中，我国主要的工业技术落后于西方。但在第四次工业革命中，我国凭借全球领先的网民数量，丰富的数据资源和数字化应用场景，门类齐全、独立完整的工业体系，在建立数字化、网络化、智能化的新一代工业和信息化技术方面，基本与西方处于同一起跑线。我国有望通过数字技术的融合应用，重构传统工业化的创新体系、生产方式、产业形态、组织模式，形成适应数字时代的新型技术能力，缩短落后产业的追赶周期，保持领先产业的优势，提升快要失去比较优势产业的竞争力，从而实现换道超车。

二、我国工业化发展面临复杂的外部挑战

（一）"逆全球化"来势凶猛，影响我国工业参与国际分工

近年来，在多重因素的影响下，"逆全球化"演进态势越发明显，全球产业链供应链正在经历深刻调整，一些底层规律和规则逐步颠覆，给我国深度参与全球价值链分工、持续获得全球化红利带来诸多不确定性。

一是发达经济体贸易和投资保护主义全面抬头，经济活动与跨国经济合作受到严重干扰。以美国为代表的发达国家为保持本国产业的国际竞争力，采取更多的贸易和投资保护措施，严重威胁了多边体制倡导的贸易和投资自由化以及全球经济一体化。国际贸易和投资大幅萎缩，我国外贸持续承压。2009年至2021年，全球实施了35389项影响跨境贸易、投资、数据流动和劳务移民的公共政策。其中，有28806项对国际贸易和投资产生了负面影响，这类政策措施占比高达81.4%[①]。2023年以来，我国对传统贸易伙伴如美国、欧盟、日本等国家和地区的进出口增速明显放缓，甚至出现负增长。

[①] Evenett S J, Fritz J. The 28th Global Trade Alert Report[R]. London: Centre for Economic Policy Research, 2021.

二是产业链供应链本土化、多中心化、区域化趋势明显,造成我国产业链外迁加剧。跨国公司以增强供应链韧性为目标,采取"中国+1""中国+N",甚至以向国内回撤供应链的方式保障产业链安全。一方面,跨国公司的这种做法加大了我国产业链上游供应商被迫外迁的压力。另一方面,国内一些无法承担供应链风险和创新成本的中小制造企业可能逐渐被其他具有制造业成本优势国家的中小企业替代,从而影响我国在全球产业链供应链中的重要地位。例如,汉宇集团的美国客户提出让企业将一部分供应链搬迁到海外,否则会考虑更换新的供应商。

三是高科技的垄断性和国界性不断增强,我国引进国外先进产品、技术和人才的难度加大。在逆全球化趋势下,全球范围内资本、技术和劳动力等各项生产要素流动受到限制,国家间科技对话的难度加大,技术禁运甚至科技战愈演愈烈,这给我国的国际科技合作、技术交流带来了较大不确定性。例如,中国科学技术发展战略研究院的科技工作者抽样调查结果显示,在有国际科技合作交流经历的科技工作者中,共有44.1%的人反映2020年以来国际科技合作交流减少,其中23.5%的人反映"有所减少",20.6%的人反映"明显减少"。

(二)我国工业面临发达国家和发展中国家"两头挤压"

随着我国工业向全球价值链中高端升级,我国在世界制造中的地位和份额持续上升,原有的比较优势逐渐弱化,关键核心技术的外部制约性上升。同时,我国面临发达国家的高端挤压和新兴经济体的低端挤压。一方面,以美国为代表的发达国家重新认识到离岸外包造成的产业空心化危害和制造业对支持创新、促进就业的重要作用,纷纷出台一系列"再工业化"的战略、方案和政策,力求保持其在高科技产业的世界领先地位,同时也希望通过推动相对较低技术产业的回流,促进国内就业,振兴"锈带"经济。我国与发达国家的关系由产业上下游的分工协作转变为同一产业链环节的相互竞争,并且发达国家对我国的产业链竞争阻击日益加剧。另一方面,随着我国经济发展水平的提高,要素成本优势日渐减弱,许多发展中国家利用要素低成本优势,吸引全球劳动密集型产业和低附加值环节转移、跨国公司投资迁移,致使我国劳动密集型产业和中低端制造业受到新兴经济体的较大冲击。据世界银行数据，我国 15 岁以上就业人口占比从 2011 年的 67.8%下降至 2021 年的 64.8%，越南、柬埔寨 2021 年的就业人口占比分别达 72.8%、79.2%，比例显著高于我国。Trading Economics 数据显示，2021 年我国的月最低工资约为 401 美元，越南、柬埔寨的月最低工资水平约为我国的 48%，马来西亚、印度尼西亚的月最低工资分别约为我国的 69%、76%（见图 1-1）。

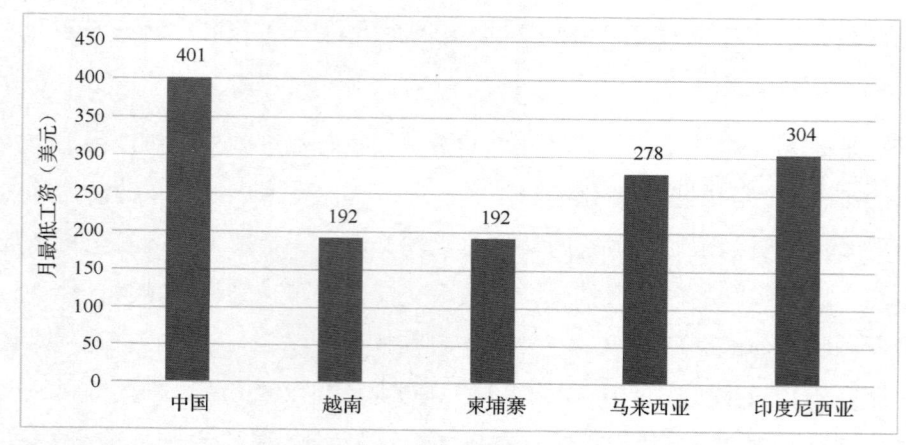

图 1-1 2021 年中国及东南亚主要国家月最低工资情况

数据来源：Trading Economics

（三）围绕新一代信息技术竞争主导权的大国博弈愈加激烈

随着新一代信息技术的突飞猛进、技术政治化趋势越发明显、技术与地缘政治相互交织，围绕新一代信息技术的创新发展和融合应用正成为国家间的竞争焦点和战略必争领域。发达国家通过进一步巩固、积累、放大其在信息技术和信息资源方面的优势，不断加强对全球经济的控制。

美国发布《国家人工智能研发战略计划》，确保其在开发和使用可信赖的人工智能系统方面继续处于领导地位；发布 2022 年版《先进制造业国家战略》，确定开发和实施先进制造技术、壮大先进制造业劳动力队伍、提升制造业供应链弹性；出台《2022 芯片与科学法案》，支持在半导体制造和研发、人工智能、量子计算等领域开展研究。欧盟发布《欧洲经济安全战略》，强调将建立经济安全技术清单与外国直接投资审查机制，发展欧盟技术主权和价值链韧性；批准"欧洲共同利益重要项目（IPCEI）"，投入220亿欧元用于芯片供应链的所有关键点，意在扩大整个欧洲芯片供应链的影响力。韩国通过《国家尖端战略技术指定案》，确定对半导体、显示技术、动力电池、生物技术等尖端战略产业企业的投资在2027年达到550万亿韩元以上。

发展中国家抓住数字化发展机遇，不断深化新一代信息技术的应用，为国家数字化转型提供技术动力。印度政府计划实施"数字印度"计划，通过政策支持、财政投入、技术创新等方式，加大信息技术普及，提高数字化技术与产业融合水平，推动数字经济发展。越南公布《至2025年国家数字化转型计划及2030年发展方向》，力争在发展数字政府、数字经济、数字社会的同时，形成具有全球竞争力的数字技术企业。印度尼西亚公布了《2023—2045年印度尼西亚数字产业发展总体规划》，计划到2045年，IT和通信行业对国家GDP的贡献率达到20.7%。

（四）美国对我国打压封锁围堵不断升级

近年来，美国针对我国先进制造业的打压不断升级，致使我国工业化发展的复杂性、严峻性加剧。一是通过立法升级对我国的科技围堵。《2021年战略竞争法案》《2022年芯片与科学法案》等法案的签署，将中美科技冲突制度化、框架化。二是加强部门协同形成遏制打压我国的合力。美国围绕"去中国化"、重构以美国为核心的半导体等产业链供应链，加强部门协同，推出国防、能源、电子信息等关键领域相关行动计划。通过颁布总统行政令的方式，强化国土安全部、国防部、商务部、能源部等政府部门在识别各关键行业供应链风险方面的能力，建立供应链安全审查制度。三是构建"遏制联盟"对我国实施全面围堵。美国在关键新兴技术的研发方面实施与盟友"共享技术"战略，在人工智能、5G通信、生物技术、量子计算等技术领域与盟友开展合作。同时，美国通过建立印太经济框架、"芯片四方联盟"等手段筑起"小院高墙"，意图逼迫我国"脱钩断链"，打压遏制我国高新技术和产业崛起。四是广泛动用各种政策工具扩大对我国的封锁范围。2018年以来，美国频繁使用出口管制及外国投资国家安全审查等政策性工具，限制我国企业向其出口产品和服务。截至2022年年末，美国政府已累计将1064家中国企业纳入管制名单，涉及半导体、人工智能、量子技术等几乎所有的先进高科技领域。

三、我国工业发展"大而不强""全而不优"等局面亟待得到根本性转变

（一）产业高速增长乏力，"大而不强"的顽疾亟待破解

党的十八大以来，我国建成规模大、体系全、竞争力较强的产业体系，成为拥有联合国产业分类中全部工业门类的国家。2023年，我国全部工业增加值同比增长4.6%，制造业总体规模连续14年居世界首位，形成了一批具有全球竞争力的优势产业、优质企业和产业集群。但随着国内外发展环境的深刻变化，近年来我国工业经济下行压力加大，工业出口受阻，国内需求不足，工业品价格下降，部分工业行业生产低迷，企业经营困难较多，小微企业压力较大，发展中积累的结构性矛盾和问题逐渐浮出水面。主要表现在：产业处于全球价值链中低端，产业科技创新能力不强，智能化绿色化水平不高，产业基础和重点产业链脆弱问题突出，一些高端产业链对外依存度过高，工业的完整性、先进性、安全性面临挑战。新时期，要推动我国工业由大变强，我们需要抓住新一轮科技革命和产业变革的机遇，把建设制造强国同数字化转型有机结合，充分发挥数字技术在提升自主创新能力、提高劳动生产率和附加值、提升产品和服务全生命周期质量控制水平等方面的催化作用，从而有效破解产品质量不高、高端产品供给不足等制约我国制造业发展的痛点问题，推动产业向价值链高端跃迁。

（二）自主创新能力薄弱，受制于人的局面亟待改变

改革开放以来，我国在短期内发展成为制造业大国，在价值链底端形成了强大的供给能力，但自主创新能力仍然不足。一是部分关键核心技术缺乏。集成电路专用设备、航空发动机、操作系统和工业软件等领域关键核心技术受制于人。海关总署数据显示，芯片设计、芯片制造、封装测试、芯片应用等环节都存在技术受限的问题，很多研发设计类工业软件依赖进口。二是产业基础能力薄弱。一些关键基础材料、核心基础零部件依赖进口，品牌、质量等方面缺少历史积累，支撑产业转型升级的基础能力不足。例如，我国高端数控机床主轴主要来源于德国、瑞士、英国等国，丝杠主要来源于日本，刀具主要来源于瑞典、美国、日本等国，国内企业尽管具备一定生产能力，但技术水平、产品寿命和稳定性仍然不高[1]。三是基础研究投入不足。《中国研发经费报告2022》显示，2022年我国基础研究投入强度为6.3%，法国、意大利、新加坡基础研究投入强度均超过20%，英国、美国均超过15%，日本、韩国均高于10%，我国在基础研究投入强度方面与这些主要国家的差距较为明显。我国科技发展和国际合作所面临的不确定性因素增加，提高自主创新能力迫在眉睫。由此，我国需要加快推进产业基础高级化，攻克关键共性技术，突破一批基础产品，协同构建产业技术创新体系，不断提升制造业原始创新和集成创新能力，将发展主导权、主动权掌握在自己手中。

（三）要素供给优势趋弱，传统投入方式亟待更新

当前，多种因素作用导致我国工业综合成本优势趋于下降。人口老龄化将进入加速期，劳动人口的数量和比重步入下降通道，劳动力相对短缺的矛盾将有所加剧，劳动力成本上升趋势难以逆转。国家统计局数据显示，2022年劳动年龄人口较上年减少666万人，老龄化程度进一步加大。从2011年至2022年数据看，劳动年龄人口在2011年达到峰值9.4亿之后开始负增长，

---

[1] 刘玉书，王文. 中国智能制造发展现状和未来挑战[J]. 人民论坛·学术前沿，2021, (23): 64-77.

十多年来劳动年龄人口减少了 6000 多万（见图 1-2）。土地、资金等其他要素成本也呈现较快上升趋势。2022 年，我国社会物流总费用占 GDP 的比重为 14.7%，该指标高于美国（约 7%）、欧盟（约 6%）、东盟 10 国（约 10%）。除此之外，受工业投资回报率长期偏低、虚拟经济回报率高的影响，大量实体经济企业离开主业，涉足虚拟经济，带动大量资本流入以房地产、期货等为代表的虚拟市场，使生产资本流出大于投入，工业企业融资能力减弱。因此，我国亟待创造新的投资机会，有效拓展国内需求，推动技术创新和产业变革，拓展生产可能性边界，从而有效对冲劳动力成本上升，提高生产效率和企业的盈利水平，提高实体经济供应体系质量，形成更多新的增长点和增长极，为高质量发展开辟新空间。

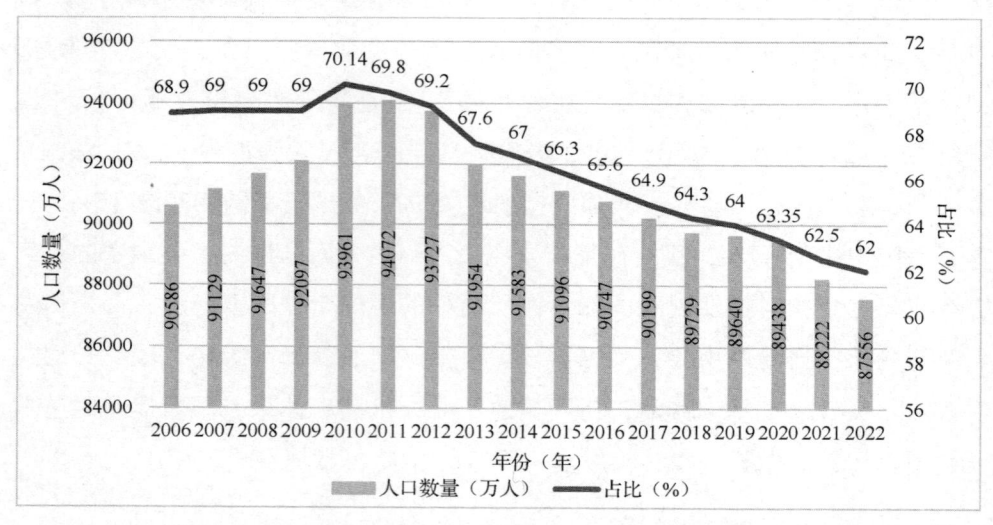

图 1-2　2006—2022 年我国劳动年龄人口数量及占比情况

数据来源：根据国家统计局最新数据以及历年《统计公报》整理

（四）资源环境约束趋紧，粗放型发展模式亟待转型

我国人口众多、资源相对不足，部分能源和矿产资源自给不足。2021 年，原油对外依存度为 71.2%，天然气对外依存度为 40.2%，铁、铜、镍、钴等战略性矿产品供应长期依赖国际市场，近 70% 的城市群、90% 以上的能源基地、65% 的粮食主产区缺水问题突出。能源资源消耗和污染排放总量依

然较大，2021年，我国能源消费同比增长7.1%，占全球能源总消费量的26.5%；二氧化碳排放量为119亿吨，占全球总排放量的33%，生态环境顶板效应日益显现。与此同时，我国仍处于工业化深入发展阶段，钢铁、水泥等传统行业所占比重依然较高，能源结构偏煤、能源利用效率偏低的状况没有得到根本性改变，工业直接碳排放及用电等间接排放占我国碳排放总量的60%以上，工业节能减碳任务艰巨。为有效破解资源环境约束，我国应加快推进工业绿色发展，通过5G、大数据、人工智能等新一代信息技术提升能源、资源、环境管理水平，赋能绿色制造，从而形成节约资源和保护环境的产业结构和生产方式，持续提高工业发展质量和效益。

CHAPTER 2 第二章
对新型工业化的认识和理解

当前，全球产业结构和布局深度调整，大国竞争和博弈日益加剧，我国正面临经济社会转型和发展的双重压力。在此背景下，党中央、国务院再次提出加快新型工业化发展，这不仅是推动经济社会稳步发展的需要，更是着眼全面建成社会主义现代化强国作出的重要战略部署。党的十八大以来，习近平总书记针对新型工业化的重大理论和实践问题作出了一系列重要论述，极大丰富和发展了我们党对工业化的规律性认识，为我们推进新型工业化提供了根本遵循和行动指南。新形势下，各方须强化对新型工业化的认识和理解，统筹考虑经济与社会、国际与国内各种因素，加快推进新型工业化发展。

一、新型工业化的提出及演进历程

新型工业化概念始于 2002 年党的十六大，之后这一概念在党和政府的文件中多次体现。党的十七大指出要坚持走中国特色新型工业化道路，党的十八大提出要促进"四化"同步发展，党的十九大再次提出要推动"新四化"同步发展，党的二十大强调要坚持把发展经济的着力点放在实体经济上，推进新型工业化。

（一）2002—2011 年

中华人民共和国成立后，我国的工业化进程明显加快，尤其是改革开放 20 多年来，工业化发展势头强劲，工业总量增长迅猛，煤炭、水泥、钢材、等重工产品，以及家电、服装、自行车等轻工产品的产量已跃居世界前列。但工业产品仍存在人均规模不大、档次不高的问题；工业内部仍存在结构欠合理、技术欠发达、规模不经济、能源利用不高效、环境不友好，以及低水平重复建设、区域产业结构趋同等问题。此外，我国的城镇化率不高，与日益加快的工业化进程不匹配。相比之下，我国的工业化水平与世界先进国家的差距较大。

为了改变传统工业化的老思路，不断提高工业对经济增长的贡献，党的十六大报告首次提出中国要走新型工业化道路，要提高工业化的水平和质量，加快我国工业化进程。党的十七大报告提出坚持走中国特色新型工业化道路，加快转变经济发展方式，促进经济增长向依靠消费、投资、出口协调拉动转变，向依靠第一、第二、第三产业协同带动转变，向主要依靠科技进步、劳动者素质提高、管理创新转变。

这个时期新型工业化的"新"是与传统的工业化道路相比较来看的，其"新"就在于科技含量高、经济效益好、资源消耗低、环境污染少、人力资源优势得到充分发挥等，具体表现在以下三个方面：

一是与信息化相互融合的工业化。我国走的是边工业化边信息化的发展道路，优先发展信息产业，加快推进制造业信息化，以信息化带动工业化，以工业化促进信息化，从而发挥后发优势，实现生产力的跨越式发展。

二是可持续发展的工业化。发达国家工业化快速发展的时期，多以消耗能源、牺牲环境为代价，可以说是"先发展，后治理"。我国提出的新型工业化是通过构建生态-经济-社会良性发展的复合系统，走生态效益型的经济增长之路。

三是以人为本的工业化。发达国家的工业化更加注重机械化和自动化，不可避免地出现了一些失业问题。我国推行的新型工业化是要将人力资源优势充分发挥、将劳动密集型产业和资金技术密集型产业有机结合的工业化，要在推进工业化的同时扩大就业，增加劳动者福利。

（二）2012—2018年

党的十八大以来，党中央、国务院高度重视新型工业化发展，将加快推进新型工业化提升到了战略和全局的高度，并作出了一系列重大决策部署。在强有力的政策推动下，我国工业经济结构得以大幅转型、优化和升级，工业经济发展加快由数量规模扩张向质量效益提升转变，工业化建设取得突出成效。然而，在肯定成绩的同时，一些发展瓶颈也不容忽视。随着我国经济社会发展进入新阶段，相对于人民日益增长的美好生活需要和社会主义现代化强国的建设要求，我国新型工业化发展还有一些问题亟待解决。一是产业结构不合理。从产业结构来看，我国服务业增加值占GDP的比重为52.8%，而美国的这一比例高达80%，意味着美国GDP有八成是来自于第三产业的贡献。从产业内部结构来看，生产性服务业增加值占GDP的比重不到20%，而欧洲生产性服务业占GDP的比重达40%，美国的这一比例更是超过50%。制造业产业高端化和产业链高端环节发展程度不足，钢铁、化工等传统行业的低水平产能过剩问题突出。二是"四化同步发展"的态势仍未呈现。其中，工业化与信息化的融合深度不够，城镇化步伐难以适应工业化发展需求，农业现代化落后于工业，工农业发展失衡。三是区域间工业化发展水平差异大。当前，北京、上海、广州、深圳已步入后工业化阶段，东部沿海省份基本处于工业化后期，但大部分中西部省份仍处于工业化中期，区域间现代发展水平差距较为明显。此外，城乡发展水平不平衡的问题也较为突出，一定程度上阻碍了新型工业化的发展。

为了更好地解决发展过程中存在的诸多瓶颈问题，我国推进新型工业化的方向路径、评价标准均需做出新的调整与优化。党的十八大报告提出，要坚持走中国特色新型工业化、信息化、城镇化、农业现代化道路，促进工业化、信息化、城镇化、农业现代化同步发展。党的十九大报告又明确提出，要坚定不移贯彻创新、协调、绿色、开放、共享的发展理念，推动新型工业化、信息化、城镇化、农业现代化同步发展，主动参与和推动经济全球化进程，发展更高层次的开放型经济，不断壮大我国经济实力和综合国力。

这个时期新型工业化的"新"就体现在，将工业发展本身拓展至工业化阶段整个国民经济发展模式的变革，且更加注重产业结构优化、"四化"协同和区域协调发展，具体表现在以下三个方面：

一是产业结构优化升级。新型工业化是第一、第二、第三产业协同推动、融合发展的工业化，也是产业链不断向高端化、智能化、绿色化升级的工业化。

二是加快"四化"协同发展。加快新型工业化不仅要推动信息化和工业化深度融合、推进工业化和城镇化良性互动，还要促进城镇化和农业现代化相互协调，进而实现工业化、信息化、城镇化和农业现代化"四化"同步发展的工业化。

三是深化区域协调发展。新型工业化是要深入实施区域协调发展战略，以及京津冀协同发展、长江经济带发展、粤港澳大湾区建设、长三角一体化发展等重大国家战略，推进城乡统筹发展和新型城镇化建设的工业化。

（三）2019 年至今

过去，中美关系的基本特点是既有竞争也有合作，两国的合作与竞争既相互促进，又相互制约。自 2018 年起，特朗普政府单方面对中国发起非法贸易战，并颁布种种政策处处打压中国，例如，提高关税以遏制中国的出口贸易、制造污蔑中国的谣言、不断打压中国企业、对中国增加更多技术壁垒等，制裁措施全方位升级，中美关系降到了 1979 年建交以来的最低点。尤其是拜登政府执政后，对华外交政策并没有实质性的改变，甚至变本加厉。拜登政府将中国视为"最大的战略竞争对手"，中美双方之间的分歧和摩擦不断加剧，导致两国在贸易、科技等领域的矛盾不断升级，中美关系一直处于紧张状态。

美国开启逆全球化浪潮，促使西方国家认识到"脱实向虚""制造业空心化"的严重弊端，并开始推动"再工业化"战略，加速先进制造业的回流，采取关键技术保护等举措，这些对全球产业链供应链稳定、对我国产业链供应链安全带来深刻影响。此外，新型冠状病毒感染的全球蔓延也影响了全球产业合作格局，促使全球产业链供应链运行模式倾向于纵向分工短链化、横向分工区域化，加剧了世界产业链面临的"断链"和"短链"风险[①]。

为进一步化解美国对我国工业的"钳制"，全面提升工业对国民经济的赋能作用，有效应对逆全球化及严峻复杂的国际形势，我国采取了一系列应对措施。例如，强调要统筹好发展与安全，着力提升产业链供应链韧性和安全水平，保证在关键时刻不掉链子；强调要更加努力地发展自主科技，实现科技自立自强；强调要推进高水平对外开放，既用好全球市场和资源发展自己，又推动世界共同发展；强调要把高质量发展着力点放在实体经济上，加快构建实体经济、科技创新、现代金融、人力资源协同发展的产业体系等。党的二十大报告明确，到2035年要基本实现新型工业化。同时强调，要坚持把实体经济作为经济发展的着力点，推进新型工业化，加快建设制造强国。

这个阶段新型工业化的"新"主要体现在，要以五大新发展理念为引领，将高质量发展要求贯穿工业化始终，且更好统筹发展和安全。

二、学术界、产业界对新型工业化的认识

近年来，国内学术界、产业界围绕新型工业化的内涵特征、推进路径等方面开展了广泛而深入的探讨，取得一系列研究成果。这对于我们不断深化对新型工业化的认识，进而提出更具前瞻性、战略性的发展思路具有重要意义。

（一）关于新型工业化内涵特征的认识

从发展要求来看，新型工业化是可持续发展的工业化。吴澄院士指出，新型工业化是以信息化带动、能够实现跨越式发展的工业化，是能够增强可持续发展能力的工业化，是能够充分发挥我国人力资源优势的工业化，是突

[①] 何光喜. 我国国际科技合作的形势、挑战与展望[J]. 科技中国, 2022, (09): 8-11.

出了我国工业发展应在工业现代化的同时强调管理的现代化。陶建幸指出，新型工业化是效益要高，科技水平含量要高，物质资源的利用要充分，尽量减少浪费，对环境的损害要尽可能少。

从外部形势来看，新型工业化是抢抓新一轮科技革命和产业变革机遇的工业化。李毅中指出，走新型工业化道路，要坚持以科技进步为基础加快经济发展，推动工业化高起点发展；坚持质量和效益并重推动经济发展，优化资源配置，提高经济回报；坚持以先进适用技术推广应用为抓手，提高能源资源利用率，破解能源资源不足瓶颈；坚持防治污染、保护生态环境，使经济建设和生态建设和谐发展；坚持以人为本，提高劳动者素质，充分发挥人力资源优势，同时注重改善民生，保障劳动者生命和健康安全。赵昌文指出，在"中国特色社会主义进入了新时代""我国经济已由高速增长阶段转向高质量发展阶段，正处在转变发展方式、优化经济结构、转换增长动力的攻关期"的时代背景下，新型工业化是抢抓新一轮科技革命和产业变革机遇的工业化，是着力振兴实体经济的工业化，是以新发展理念为指导、着力解决发展不平衡不充分问题的工业化。

从驱动因素来看，新型工业化是以新发展理念引领的工业化。盛朝迅指出，构建新发展格局背景下的新型工业化有着与以往新型工业化不同的内涵意蕴，一是深度的工业化，二是完整的工业化，三是融合的工业化，四是绿色的工业化，五是开放的工业化[1]。史丹团队认为，新型工业化的"新"表现在：一是数字技术成为新型工业化发展新的效率源泉，二是数据成为重要生产要素，三是工业互联网平台作为新的组织形态，四是绿色化低碳化成为新的约束条件。何立胜指出，融合性是新型工业化的基本特征；协同性既是新型工业化的重要特点，又是基本要求；创新性既是新型工业化的重要特点，又是内在要求。彭寿指出，新型工业化内涵是"工业现代化"。钱德沛指出，新型工业化是以实体经济为基础，采用了新技术进行改造，让工业发展不断

---

[1] 盛朝迅. 新发展格局下推进新型工业化的时代特征、目标要求与发展路径[J]. 中国发展观察，2022, (06): 71-75+80.

适应外部环境的各种新变化。陈学东指出，新型工业化是我国基本实现工业化后开创的新工业化道路，是新时期、新目标、新格局下我国实现中国式现代化的物质基础和产业支撑，以实现中华民族伟大复兴和建成社会主义现代化强国为目标，以构建国内国际双循环新发展格局为战略任务，以创新为主要动力，以高端化、智能化、绿色化转型为核心路径，推动我国经济高质量发展。余少华指出，新型工业化是发展经济学概念，其中"新型"主要指知识经济形态下的工业化，知识化、信息化、全球化、生态化、智能化是其基本特征。

从内在要求来看，新型工业化是高质量发展贯穿全过程的工业化。黄群慧认为，在新的历史条件下，我国新型工业化之"新"，体现在依靠自主创新驱动、加快迈向全球价值链中高端的发展主动性和"新四化"同步发展的战略协同性，体现在促进数实融合、加快绿色低碳发展的产业现代性，体现在发挥国内超大规模市场优势、利用好国内国际两个市场两种资源的对外开放性，体现在加快建设现代化产业体系、促进全体人民共同富裕的过程包容性。从根本上来讲，新时代新征程下推进新型工业化充分体现了我国对高质量发展的新要求。杜传忠认为，新型工业化是全面贯彻新发展理念、体现高质量发展的工业化。

（二）关于新型工业化推进路径的认识

从总体思路来看，数字经济与实体经济融合是实现新型工业化的主线。毛光烈指出，要致力于推动工业云平台、数字工业云平台之间的联合与合作，整合上链。加快形成创新链、供应链、服务链三链一体化治理新模式，打造区域和行业的数字产业集群，实现数字经济向更新阶段发展。倪光南指出，新一轮科技革命和产业变革深入发展，我国要顺应趋势，推进数字经济和实体经济深度融合，加快发展方式转变，以新型工业化发展的新成效加快中国式现代化进程。钱德沛指出，新兴技术与实体经济深度融合为新型工业化注入澎湃动力。余少华指出，作为实现新型工业化的重要路径，数字经济与实体经济深度融合，对于构建我国内外双循环新发展格局、完善科技创新体系、推动绿色低碳发展具有重要意义。吴澄院士指出，两化融合是实现新型工业化的必由之路。

从推进重点来看，推进制造业高质量发展是推进新型工业化的根本途径。苏波指出，要推动制造业高端化、智能化、绿色化发展，保持制造业占GDP的比重基本稳定；要塑造发展新动能，加快发展智能制造；深度融入全球价值链分工体系，将核心技术能力留在国内，稳定和扩大制造业产品出口，在开放合作中提升我国制造业国际化发展水平。王一鸣指出，推进制造业高质量发展是实现经济高质量发展的核心，也是推进新型工业化、加快建设制造强国的根本途径；要把握好新一轮科技革命和产业变革机遇，推进制造业高质量发展。周济院士指出，未来十余年，我国新型工业化的发展蓝图包括两阶段，第一阶段（现在至2027年）主要是实施制造业数字化转型工程，大规模地推广应用"互联网+制造"，在发达地区和重点领域率先实现普及；第二阶段（2028—2035年）主要是新一代智能制造实现大规模推广应用，实施制造业数字化、智能化升级工程，推进制造业智能化升级。李伯虎指出，智能制造是推进新型工业化的重要突破口和着力点。倪光南院士指出，工业软件正在成为工业智能制造的核心。

从补齐短板来看，推进新型工业化要在关键核心技术创新上持续发力。马於光指出，推进新型工业化，需要在关键核心技术创新上持续加力发力；加强加快核心及原创性技术攻关，要从最基础的教育开始，培养全社会注重科学、注重知识产权保护的意识，鼓励科研机构和企业等主体发展自己的特色和特长。陈学东提出，加快产业基础再造和重大技术装备攻关在提升国家竞争力、保障国家安全、促进产业结构升级等方面发挥着关键作用，是推进新型工业化的重要抓手。李言荣提出，要培养科技创新人才为新型工业化打牢人才基础。

三、对新型工业化理念要求的认识

在新时代新征程上，推进新型工业化必将成为全面建成社会主义现代化强国、构建大国竞争优势、实现经济高质量发展、实现中国式现代化的迫切需求和战略选择。结合各方观点，赛迪研究院认为推进新型工业化不仅要把高质量发展的要求贯穿新型工业化全过程，完整、准确、全面贯彻新发展理念，还要深刻把握新时代新征程推进新型工业化的基本规律，统筹好发展和安全。

（一）新型工业化是以新发展理念为引领、统筹发展和安全的工业化

1．创新是新型工业化的根本动力

党的二十大报告提出，坚持创新在我国现代化建设全局中的核心地位，加快实施创新驱动发展战略。推进新型工业化要摆脱传统发展路径，注重科技研发和新技术应用；通过科技创新催生新产品、新业态、新模式，提升中国制造整体技术水平和"含金量""含新量"；通过质量变革、效率变革、动力变革提升工业竞争力和全要素生产率，实现产业基础高级化、产业结构高端化合理化、产业链现代化，促进生产力发展[1]。

2．协调是新型工业化的重要途径

协调发展，就要找出短板，在补齐短板上多用力，通过补齐短板挖掘发展潜力、增强发展后劲。推进新型工业化就是要从根本上解决发展不平衡的问题。从宏观来看，新型工业化要求产业协调发展、"四化"同步发展、区域协调发展。从微观来看，要强化产业链上下游、大中小企业协同，共同推进数字化转型，促进全产业链发展。

---

[1] 罗仲伟. 如何认识新时代的新型工业化[J]. 工信财经科技，2024, (01): 12-26.

3. 绿色是新型工业化的生态底色

党的二十大报告指出，必须牢固树立和践行绿水青山就是金山银山的理念，站在人与自然和谐共生的高度谋划发展。推进新型工业化就是要紧抓新一轮科技革命和产业变革带来的难得机遇，构建绿色制造体系，开发绿色产品，提供绿色服务，建设绿色园区和工厂，打造绿色产业链供应链，推动实现工业的绿色低碳循环发展。

4. 开放是新型工业化的必由之路

要不断扩大高水平对外开放，深度参与全球产业分工和合作，用好国内国际两种资源，拓展中国式现代化的发展空间。推进新型工业化就是要提升发展的内外联动性，打造以技术、标准、品牌、质量、服务为核心的综合竞争优势，加快实现我国由制造大国向制造强国转变。

5. 共享是新型工业化的本质要求

共同富裕是中国特色社会主义的根本原则，所以必须使发展成果更多更公平惠及全体人民，朝着共同富裕方向稳步前进。推进新型工业化就是要深化利益分配机制改革，通过市场化、法治化手段促进产业间、要素间形成更加公平的收益分配机制。坚持按劳分配原则，完善按要素分配的体制机制，促进收入分配更合理、更有序。

6. 安全是新型工业化的基本底线

随着推进新型工业化面临的风险和挑战更加纷繁复杂，我们必须更好统筹发展和安全，不仅要构建安全可靠的产业基础，打造自立自强的创新体系和富有韧性的产业链条，还要在更加开放的条件下牢牢守住安全底线，实现高质量发展和高水平安全的良性互动。中国的产业体系已经成为全球产业链供应链的重要组成部分，未来应多措并举，在开放合作中提升产业链供应链韧性与安全水平。

（二）新型工业化将从七个方面全方位重塑中国工业

1. 新型工业化将重塑技术引擎

众所周知，科学技术是第一生产力。在全世界范围内，发达国家完成工业化的历史经验表明，技术创新在一个国家的工业化进程中发挥着不容小觑的作用，是国家整体提高生产力和物质生活水平的重要基础。比如，钢铁工业作为支撑国家发展和经济建设的"脊梁"，其技术发展可以追溯到三百年前的木炭高炉时代，并依次经历了焦炭和机械鼓风高炉时代、热鼓风和高炉大型化时代、高炉技术逐步成熟时代。在此过程中，炼铁成本得以极大降低，炼铁的质量和效率得以极大改善。我国传统工业化进程切换至新型工业化，势必将深刻重塑技术引擎。

2. 新型工业化将重塑要素体系

在经济学中，生产要素是指进行社会生产经营活动时所需要的各种社会资源，是维系国民经济运行及市场主体生产经营过程中所必须具备的基本因素，是一个国家完成工业化进程中必不可少的基础因子[①]。生产要素中的结构方式在不同历史时期也在发生变化：在农业经济时代，土地和人力占据主导地位；在工业经济时代，以机器、设备为代表的物质资本占据主导地位，技术进步对工业生产效率的提升作用不断显现；在数字经济时代，海量数据涌现并成为一种新型生产要素，并深度嵌入社会生产函数。当前，在工业经济向数字经济过渡的过程中，推进新型工业化也应变革生产要素体系的构成

---

① 谭洪波，耿志超. 数据要素推动经济高质量发展路径研究——基于新生产要素特征视角的分析[J]. 价格理论与实践，2023, (09): 46-51.

和组合方式①。

3. 新型工业化将重塑生产方式

生产方式是指对各类生产要素组合与配置所驱动生产的方式，是直接影响工业生产效率的重要因素，也是世界各国推进工业化的主要抓手。比如，福特汽车发明的流水线生产方式，在世界工业发展史上具有划时代的意义。福特汽车公司于1913年开发出了世界上汽车领域的第一条生产流水线，将每个工序的零件、工艺进行标准化，在装配底盘环节由原来的12小时28分减少到1小时33分，首次实现了汽车的批量生产，开启了美国的汽车时代。由此可见，推进新型工业化，必然也要推动生产方式的改善和优化，由此才能提高全社会创造物质财富的效率。

4. 新型工业化将重塑组织形态

产业组织作为企业市场关系的集合体，其元素既是社会的细胞，又是经济的基本单元，还是新型工业化的微观主体，所以组织形态对于工业化发展的主体活力、企业间竞合关系等具有重要影响。当前，企业的经营环境正在发生着巨大转变，消费者需求更加多样化、个性化，产品交付周期要求不断缩短，这些高频变化的外部需求传递到供给侧，就需要加快实现企业内的快速决策和企业间的无缝协作。对于我国而言，推进新型工业化要提升企业应对外部环境不确定性的能力，这就要求组织形态不断优化升级。

5. 新型工业化将重塑产业体系

产业体系的完整性反映了产业门类齐全和体系完备的程度，是经济运行与发展的基础支撑。截至目前，我国已成为全世界唯一拥有联合国产业分类

---

① 张志清，李云梅，张瑞军. 数据驱动技术创新:能力构成模型与关键流程[J]. 科技进步与对策，2015, 32 (16): 7-10.

中所列全部工业门类的国家。其中，涉及工业大类 41 个、中类 207 个，小类 666 个。在全球 500 多种主要工业产品中，我国有 220 多种产品产量位居第一。但总体来看，我国的产业发展仍处于全球价值链中低端，自主可控能力不强，产业"大而不强"的格局尚未得到根本改变。为了适应全球产业链重组、供应链重塑和价值链重构带来的新挑战，推动中国式现代化建设亟须加快重塑产业体系。

6. 新型工业化将重塑发展要求

在百年未有之大变局下，产业链供应链关键环节的一点小故障，轻则影响产业循环运转，重则影响市场主体和民生就业，甚至会给经济发展、社会稳定、国家安全带来冲击。当前，我国制造业全球生产网络日益细化，大量关键零部件与关键材料需要从国外市场进口，存在长期过度依赖进口的隐患。保障产业链供应链稳定安全成为关系国家长远发展的战略考虑。此外，传统工业化主要关注如何解决工业产生的环境污染问题，而对减少碳排放重视程度不足。新型工业化除了要在生产过程中落实绿色环保要求之外，更要积极推进减排降碳工作，应对气候变化挑战。

7. 新型工业化将重塑治理模式

科学、精准、合理的产业治理体系是优化产业治理方式、提升产业治理效能的重要保障。以往的治理模式是运动式监管，是针对某一事项进行专项督察、阵发性的监管，一般来说时间短，有一定周期，没有固定人员，在执行过程中易出现过度监管、一刀切等问题，在专业性、有效性方面不太理想。数字技术在各领域的应用不断深化，将催化涌现出一批新业态、新模式、新产业。原有产业治理思路和手段难以适应新需求，亟须重塑治理模式。

CHAPTER 3 | 第三章
对数字化转型的认识和理解

随着科技的迅猛发展和信息技术的广泛应用，数字化转型已经从过去的渐进式发展转变到当今的全面加速发展。在这个新的时代背景下，我们必须深入认识和理解数字化转型的内涵特征，以便更好地应对变革带来的挑战和机遇。

一、数字化转型的演进历程

（一）初期萌芽阶段：信息基础设施建设

数字化转型的萌芽可以追溯到 20 世纪末，当时信息技术的快速发展引发了企业对于自动化和计算机化的浓厚兴趣。初期的数字化转型主要关注业务流程的自动化，企业纷纷将手工和烦琐的业务过程引入计算机系统简化任务，旨在加速数据处理过程，提高工作效率，同时降低运营成本。在这一时期，数字化转型主要强调的是信息化的基础设施建设，为后续阶段的发展打下了重要的基础。

（二）快速崛起阶段：互联网时代的兴起

随着互联网的普及，数字化转型迈入了一个新的阶段。20 世纪 90 年代末和 21 世纪初，互联网技术经历了迅猛的发展，包括宽带互联网的普及、网页技术的进步、云计算等新兴技术的涌现。这些技术变革为数字化转型提供了强大的技术支持，同时也深刻改变了人们的生产生活方式和商业模式。企业开始关注如何利用互联网连接全球市场，电子商务、在线交易等概念逐渐崭露头角。在这一时期，数字化转型强调信息的流通和分享，企业开始积极探索在线销售、数字化营销等新业务模式。数字化转型不再仅仅是业务流程的自动化，而是涉及整个价值链的重新构建。

（三）转型发展阶段：数据挖掘崭露头角

2000 年初，云计算和大数据技术的崛起再次推动了数字化转型的进程。

云计算技术的兴起为企业提供了更灵活、可扩展的计算资源。企业不再需要投入大量资金购置和维护大型的物理服务器，而可以通过云服务提供商租用计算资源，根据需求弹性地扩展或缩减计算能力。大数据技术的发展使企业能够处理和分析海量的数据，由此，企业可获取更深层次商业洞察的机会，可以从数据中发现潜在的趋势、模式和关联性，从而做出更为科学和准确的决策。在这一时期，数字化转型强调对数据的挖掘和分析，基于云的服务模式、以数据为核心的业务模式等开始崭露头角，企业通过这些新型模式实现了更高效的运营和更灵活的业务发展。

（四）融合创新阶段：智能应用快速崛起

近年来，人工智能技术的迅猛发展成为数字化转型的新引擎。机器学习和深度学习等 AI 技术的广泛应用使系统具备了更强大的学习和推断能力。通过大量数据的训练，机器学习模型能够识别模式、进行分类、预测趋势，从而更好地理解和应对复杂的任务。自动化流程不再仅仅是固定规则的执行，而是可以适应不断变化的环境和需求。在这一时期，数字化转型强调的是包括智能客服、预测性分析、自动化决策等在内的智能化的商业应用。

（五）全面升级阶段：数字化生态圈构建

当前，数字化转型已经成为企业发展的关键战略，涵盖了前述各个阶段的要素。全面升级的数字化转型不仅关注技术的应用，还强调组织文化、人才培养、客户体验等方面的综合优化。数字技术不再是一个独立的工具，而是渗透到企业的方方面面，并对整个组织产生深刻的影响。企业需要重新审视现有的业务模式，并以数字化为核心，重新设计和构建全新的业务生态系统。在这一时期，生态圈建设成为数字化转型的重要内容和手段，是企业在数字时代实现创新和竞争优势的关键。

二、学术界、产业界对数字化转型的认识

（一）关于数字化转型内涵特征的认识

从技术应用角度看，数字化转型可以被定义为企业通过信息、通信和计算等技术的相互组合，推动"研产供销服"的变革与加速转型，并通过触发实体属性的重大变化来改进实体以提高企业竞争力的过程。国务院发展研究中心发布的《传统产业数字化转型的模式和路径》提出，数字化转型是利用新一代信息技术，构建数据的采集、传输、存储、处理和反馈的闭环，打通不同层级与不同行业间的数据壁垒，提高行业整体的运行效率，构建全新的数字经济体系[1]。《数字化转型 参考架构》（T/AIITRE 10001—2020）将数字化转型定义为，顺应新一轮科技革命和产业变革趋势，不断深化应用云计算、大数据、物联网、人工智能、区块链等新一代信息技术，激发数据要素创新驱动潜能，打造提升信息时代生存和发展能力，加速业务优化升级和创新转型，改造提升传统动能，培育发展新动能，创造、传递并获取新价值，实现转型升级和创新发展的过程[2]。安筱鹏提出，数字化转型的本质，就是在数据和算法定义的世界中，以数据的自动流动化解复杂系统的不确定性，提高资源配置的效率，获得更多的商业价值和社会价值。

从组织变革角度看，数字化转型可以被定义为企业整合数字技术和业务流程的过程，即利用信息技术将组织结构、信息流全部数字化，推动业务表单化、表单流程化、流程信息化、信息标准化等转型升级的过程。吴澄院士指出，数字化转型与我国信息化的很多举措、决策、政策是一脉相承的，他认为目前比较普遍接受的定义为，数字化转型是以价值创造为目的，以提升效率和效益为导向，用数字技术驱动业务变革的过程。《华为数字化转型之

---

[1] 国务院发展研究中心课题组. 传统产业数字化转型的模式和路径[R]. 2018.
[2] T/AIITRE 10001—2020, 数字化转型 参考架构[S]. 北京：中关村信息技术和实体经济融合发展联盟，2020.

道》提出,数字化转型是企业利用先进技术来优化或创建新的业务模式,以客户为中心,以数据为驱动,打破传统的组织效能边界和行业边界,提升企业竞争力,为企业创造新价值的过程。《信息化和工业化融合 数字化转型价值效益参考模型》(GB/T 23011—2022)中提出,数字化转型是指深化应用新一代信息技术,激发数据要素创新驱动潜能,建设提升数字时代生存和发展的新型能力,加速业务优化、创新与重构,创造、传递并获取新价值,实现转型升级和创新发展的过程[①]。

从产业优化角度看,数字化转型可以被定义为企业通过引入数字技术和数字化工具,打破传统产业的界限,改变传统产业的生产方式、组织结构和商业模式,促进价值链的专业化分工和参与者之间的互联互通,推动产业结构的升级和优化。王建伟在《数字领航 换道超车:数字化转型实践探索》一书中提出,新一代信息技术加速向传统产业领域融合渗透,正在推动产品、装备、工艺、管理、服务的智能化步伐不断加快,推动形成新的创新体系、生产方式和产业形态[②]。周剑提出,数字化转型是新时期两化融合发展的新使命、新要求,需要以价值为导向、以能力为主线、以数据为驱动,以构建持续迭代的协同创新体系,以体系架构方法为引领加快推进产业转型,推进战略、能力、技术、管理和业务五个方向的转变。梅宏院士指出,数字化转型是一次根本性的变革,它带来的是一次范式变迁。其中,一个最重要特征是,信息技术的角色由作为传统行业提质增效的工具转变成了主导和引领,对传统行业形成颠覆性影响。陈鲸院士提出,数字化转型就是通过深化数字技术在生产、运营、管理和营销等诸多环节的应用,实现制造流程、企业管理,以及产业协同层面的数字化、网络化、智能化发展。

[①] GB/T 23011—2022,信息化和工业化融合 数字化转型 价值效益参考模型[S]. 北京:国家市场监督管理总局,国家标准化管理委员会,2022.

[②] 王建伟. 数字领航 换道超车 数字化转型实践探索 经济理论,法规[M]. 北京:人民邮电出版社,2019.

（二）关于数字化转型推进路径的认识

在业务战略层面：资深数字化专家王阳提出，数智化转型是一场涉及战略、业务、组织和技术等层面的系统性变革，需要以全局思维规划和推进。在数智化转型过程中，企业需要不断地进行尝试和迭代，不断优化和调整战略、业务、组织和技术等方面，以适应市场的变化和用户需求的变化。张宗亮院士指出，企业真正需要的是数字化转型的思维和管理方式，应组织企业整体战略的变革，再结构化分解目标，向数据共享、融合应用、智能运维等方面发力。

在组织结构层面：陈春花教授提出，数字化转型首先是对管理者的挑战，只有管理者做到无组织才可能转换管理模式，才能实现人力资源管理创新、实现激活组织力的目标。石维磊教授认为，组织是数字化转型必要条件之一，通过信息的无缝沟通、沟通的高效率化、组织的无边界化、层级的扁平化等数字化转型的手段，形成了更加人性化的倒金字塔组织结构，这样也能更适应未来的企业竞争。华世界研究院认为，在数字化时代，建立符合数字化转型所需的组织结构是企业成功转型的关键。通过敏捷决策和创新驱动、跨职能团队和知识共享，以及培养数字化人才和学习型组织，企业可以适应数字化时代的变革，实现持续创新和发展。

在技术应用层面：周济院士提出，新一代智能制造技术和先进制造技术融合将引发制造业革命性的转型升级。李彦宏指出，以大模型为关键驱动的数字经济与实体经济深度融合，将做强做优做大实体经济。在汽车制造、能源、交通等行业，大模型可以深入其核心业务场景，并在智能客服、供应链、系统调度等板块创新，促进行业的数字化转型和智能化提升。

在生态建设层面：张平文提出，数字化生态是数字化转型的方向和目标，需要政府、龙头企业、科研院所、中小微企业等不同机构以数据的融通为主线，以协同共赢为目标，联合共筑一种不同于从前的崭新产业形态。张勇提出，未来的商业竞争，不再是单个企业的竞争，而是整个生态的竞争。数字化转型必须以生态思维思考，共建生态圈。陈鲸院士认为，数字经济作为国民经济的稳定器和加速器作用越发明显，加快培养高水平数字化人才步伐成为当务之急。聚焦数字化人才培养，探讨数字化人才培养的重要性、迫切性及数字化人才培养的方法等，成为目前企业数字化经济发展的重中之重。蒋昌俊院士认为，要大力推动制造业数字化转型，推动互联网、大数据、人工智能与制造业深度融合，立足不同产业特点和差异化需求，构建技术、资本、人才、数据多要素支撑的数字化转型服务生态。

三、数字化转型的内涵特征

数字化转型是综合运用互联网、大数据、云计算、人工智能等数字技术，对业务流程、组织结构、管理模式等进行全面升级和改造，提高全要素生产率，推动工业产业模式和企业形态根本性改变的过程，是新型工业化的鲜明时代特征和产业转型升级的重要方向。随着人工智能、大数据、5G等新技术的发展，万物互联、数据驱动、软件定义、平台支撑、服务延伸、智能主导等正成为数字化转型的典型特征（见图3-1）。

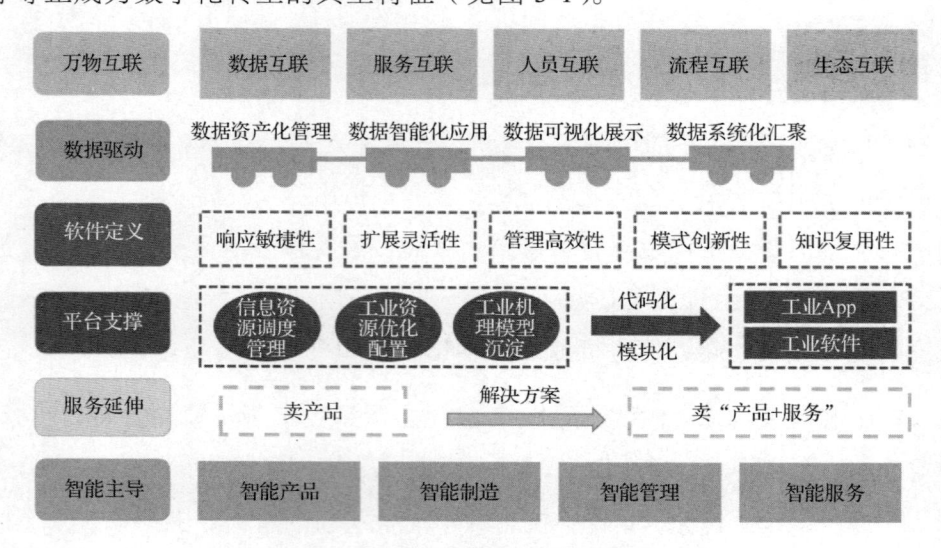

图3-1 数字化转型的典型特征

数据来源：赛迪智库整理，2023.12

（一）万物互联

随着物联网技术的兴起，万物互联已是大势所趋，并成为数字化转型的典型特征。通过将各种设备、传感器等连接起来，构建海量对象之间的相互连接关系，形成庞大、细致、复杂的网络系统，直至囊括现实物理空间和赛博空间的万事万物，实现信息的交换、共享和智能化处理。

数据互联。在数字化转型过程中，企业可以将生产线上各个设备连接起来，实现信息的交互和共享。通过数据互联，可以利用大数据分析和人工智能技术，挖掘这些数据之间的深层关联，获取更加全面和深入的信息，从而更好地指导生产和管理。

服务互联。在数字化转型过程中，企业可以借助物联网技术将不同的服务进行互联，如将产品、售后服务、维护等进行整合，实现全方位的服务体验。服务互联可以提高用户体验和服务质量，同时也可以帮助企业更好地了解用户需求和反馈，优化产品设计和服务。

人员互联。在数字化转型过程中，企业通过网络实现人与人之间的连接和交流。通过人员互联，可以实现企业内部员工之间、产业链上下游企业员工之间及企业与用户之间的有效沟通和协作，提高工作效率和合作效果。

流程互联。在数字化转型过程中，企业将各种流程进行互联，如将采购、生产、销售、管理等流程进行整合和优化，实现全流程的自动化和智能化。流程互联可以提高企业运营效率和管理水平，降低成本和错误率。

生态互联。在数字化转型过程中，企业可以借助物联网技术实现与产业链上下游企业的协同作业和信息共享，构建一个更加紧密、高效、智能的生态系统。生态互联可以帮助企业更好地应对市场变化和竞争压力，提高综合实力和竞争力。

（二）数据驱动

随着互联网、大数据、云计算、人工智能、区块链等技术加速创新，数字技术、数字经济成为世界科技革命和产业变革的先机，是新一轮国际竞争重点领域。数据规模的爆发式增长，不仅在数字经济发展中的地位和作用凸显，而且对传统生产方式变革具有重大影响，催生新产业新业态新模式，成为继土地、资本、劳动力等传统生产要素之外的新型生产要素。企业通过对海量数据的系统化汇聚、可视化展示、智能化应用和资产化管理，以数据的自动流动化解复杂产业系统的不确定性，提升技术流、资金流、人才流、物资流的协同水平和集成能力，不断提高数字经济全要素生产率。

数据系统化汇聚。将散落在各个业务系统和平台的数据进行集中管理，不仅有助于企业全面了解自身的生产经营状况，还能使企业发现数据背后的潜在价值和规律。例如，通过分析销售数据，企业可以了解消费者的购买习惯和需求趋势，从而更好地调整产品策略和营销策略。

数据可视化展示。将收集到的数据进行可视化处理，以直观、易懂的方式呈现出来，帮助企业更好地理解数据、分析数据，从而做出更明智的决策。例如，通过数据可视化工具，企业可以直观地展示销售数据的变化趋势和波动情况，从而更好地了解市场状况和消费者需求。

数据智能化应用。通过智能化技术手段，对数据进行处理和分析，挖掘数据背后的价值，帮助企业更好地理解市场趋势和消费者需求，从而更好地调整产品策略和营销策略。例如，通过人工智能技术对市场趋势进行分析和预测，企业可以制订更加科学的产品开发策略和营销计划。

数据资产化管理。企业将数据进行资产化管理和利用，实现数据价值的最大化。以更好地利用数据资源、提高数据价值、推动业务创新。例如，企业可以通过数据资产的管理和运营，实现数据的共享和开放，促进数据的流通和利用，从而为企业创造更多的商业机会和价值。

（三）软件定义

软件除作为信息处理、传输、管理和应用的工具外，其本身更是知识的重要载体，已成为一种新型生产工具。软件通过将研发经验、生产工艺、管理理念等隐性工业知识进行代码化沉淀和模块化封装，加快工业知识在不同场景中的精准调用和高效传播，降低各业务流程对"老师傅"经验的依赖，支撑智能化生产、预测性诊断、供应链协同等新型生产模式广泛普及，全面释放工业知识对价值创造的乘数效应。在当下人机物融合的计算时代，软件可以将不同的生产经验、工艺流程和科学方法进行融合和创新，开发出更高效、更智能、更环保的生产方式和产品。

响应敏捷性。在数字化转型过程中，企业需要不断调整和优化自身的业务模式、流程和技术，以应对日益复杂多变的市场环境。通过软件定义，企业可以更快地响应市场需求，提高自身的敏捷性和竞争力。

扩展灵活性。软件定义允许企业以更灵活的方式进行数字化转型。由于软件是可定制和可扩展的，企业可以根据自身的业务需求和技术能力，选择合适的软件工具和技术方案，实现更加灵活的数字化转型。

管理高效性。软件定义可以帮助企业实现更高效的管理和运营。通过软件定义的系统和工具，企业可以实现自动化、智能化的管理和运营，提高工作效率和质量，同时降低成本和错误率。

模式创新性。软件定义为企业提供了更多的创新机会。通过利用先进的软件技术和应用，企业可以探索新的业务模式、产品和服务，实现创新性的数字化转型。

知识复用性。软件定义通过标准化、模块化、智能化和自适应等技术手段，提供一套灵活、可扩展和高度集成的工具和方法，实现工业知识的复用和共享。

（四）平台支撑

工业互联网平台是面向企业数字化、网络化、智能化需求，向下接入海量设备、自身承载工业知识与微服务、向上支撑工业 App 开发部署的工业操作系统，是工业全要素、全产业链、全价值链全面连接和工业资源配置的中心，是支撑制造资源泛在连接、弹性供给、高效配置的载体。工业互联网平台有利于构建连接产业各参与方的虚拟空间，汇聚和配置数字化的产业资源要素，推动产业链价值链向产业网络和价值网络演进，打造基于平台的产业新生态。

信息资源调度管理。工业互联网平台通过建立 IT 软硬件的异构资源池，提供高效、协同的管理服务和资源调度，降低企业信息化建设成本，推动核心业务向云端迁移，加速企业数字化进程。

工业资源优化配置。工业互联网平台通过将数据化、模型化的工业资源进行加工、组合、优化，形成模块化的制造能力，并通过对工业资源的基础管理、动态调度、优化配置等，提高资源利用效率，优化生产流程，提升企业竞争力。

工业机理模型沉淀。工业互联网平台通过提供大数据、人工智能分析的算法模型和各类仿真工具，结合数字孪生、工业智能等技术，对海量、多源、异构数据进行挖掘分析，将工业经验知识转化为平台上的模型库、知识库，实现数据驱动、模型驱动的科学决策和智能应用。

（五）服务延伸

在数字化时代，客户的需求越来越个性化和多样化，企业需要通过数字化技术和创新服务来满足客户的需求，提高客户满意度和忠诚度。因此，针对特定客户，在保证基本服务的同时，进行超出常规的、个性化的服务，实现企业沿价值链向高附加值环节跃升（见图3-2），成为了企业数字化转型和产业升级的重要途径之一。

快速响应市场需求。通过数字化技术，企业可以收集和分析客户的信息和行为数据，了解客户的需求和偏好，为客户提供个性化的服务和产品，提高客户的满意度和忠诚度。例如，通过大数据分析，企业可以为客户提供个性化的商品推荐、定制化的服务方案等，满足客户的特殊需求和偏好。

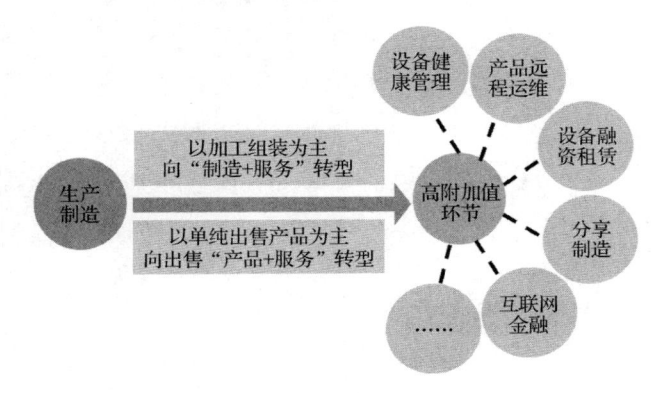

图 3-2 服务延伸赋能价值跃升

数据来源：赛迪智库整理，2023.12

实现产业优化升级。通过提供高附加值的服务，企业可以拓展业务领域，提高产品附加值和利润水平，实现企业的可持续发展。例如，制造业企业可以通过提供售后服务、维修服务、培训服务等，向服务业转型，提高企业的服务和利润水平。

推动产业创新发展。通过数字化技术和创新服务，企业可以实现业务流程的优化和创新，促进企业的可持续发展。例如，通过实施数字化供应链管理、智能制造、数字化营销等，企业可以提高生产效率、降低成本、提高产品质量和服务水平，实现长远发展。

（六）智能主导

随着科技的不断进步，人工智能、大数据、5G 等新一代技术加速向研发、生产、管理、服务等环节渗透，智能主导在数字化转型中扮演越来越重要的角色。智能主导的本质是利用人工智能、机器学习等技术，构建一套状态感知、实时分析、科学决策的闭环赋能体系，逐步形成从单环节向多环节再向全流程、从单个企业向产业链再向产业生态的智能运行体系，全面重塑资源配置模式。特别是，大模型作为人工智能的一种新形态，正在成为推动产业智能化的新引擎。

智能产品。互联网技术、人工智能和数字化技术的不断发展，使传统产品逐步转变为具有动态存储、通信和分析能力的智能终端，从而提升了产品的附加值和市场竞争力。例如，通过将传感器、处理器等设备嵌入产品，实现对产品的追溯、追踪和定位。同时，还可以帮助企业更好地满足消费者的个性化需求，提升产品的市场活力。

智能制造。随着数字化转型的不断深入，智能制造已经成为数字化转型的重要组成部分。这种新的生产方式正在改变传统的生产模式，使产品的生产方式从生产驱动转变为用户驱动。通过智能制造，企业可以满足消费者的个性化定制需求，实现定制化生产。

智能管理。在数字化转型过程中，企业管理者通过高级算法和大数据分析，获得实时、准确的数据支持，从而做出更为科学、合理的决策。此外，生产企业使用大数据或者云计算等技术可以提高企业搜集数据的准确性与及时性，使智能管理更加高效与科学。

智能服务。通过智能服务，企业可以将消费者与企业生产连接，更好地了解消费者的需求和反馈，不断优化产品和服务质量，提高客户体验度。同时，企业可以对海量的消费者数据进行分析和挖掘，提取有价值的信息和知识，为消费者提供更加个性化、精准的服务。

CHAPTER
4 | 第四章
数字化转型与新型工业化的关系

李强总理在浙江调研时强调，数字化浪潮也是一种变革性力量，必须顺应这一趋势，大力推进数字化转型，为经济社会发展全方位赋能。厘清数字化转型与新型工业化的关系，对于充分发挥数字化转型对新型工业化的赋能作用具有重要意义。

一、数字化转型是推进新型工业化的必由之路

（一）数字化转型再造技术引擎

纵观工业革命发展史，18世纪中期进入"蒸汽时代"、19世纪后期进入"电气时代"、20世纪末进入"信息时代"，历次工业革命的成功都离不开其背后控制技术的发展突破[1]。比如，瓦特发明蒸汽机离不开离心调速器这一控制系统，莱特兄弟发明飞机离不开飞机控制系统。如果按照德国"工业4.0"的演进路径，可编程控制器PLC的发明和广泛使用是工业3.0启动的标志，控制技术正在更广范围、更多类型的工业场景中深化应用[2]。而数字化转型进一步突破物理空间和赛博空间的界限，促进承载规律知识的软件与聚合执行功能的硬件加速融合，全方位为新型工业化打造软硬耦合的技术引擎。

（二）数字化转型重构要素体系

在数字化转型过程中，互联网、大数据、人工智能等数字技术深度融入生产制造全过程，赋予了劳动者、劳动资料、劳动对象更多的数字化基因，使各类数字化终端和平台成为重要的劳动资料、一切可数字化的资源成为新型劳动对象、数据从附属产物成为数字经济时期的核心生产要素。同时，数据要素深度嵌入经济增长函数，以其自由流动驱动技术流、资金流、人才流

---

[1] Evenett S J, Fritz J. The 28th Global Trade Alert Report[R]. London: Centre for Economic Policy Research, 2021.
[2] 王建伟. 数字领航 换道超车：数字化转型实践探索[M]. 北京：人民邮电出版社，2019.

的最优配置，带动土地、劳动、资本、技术等传统生产要素达到最优组合，不断突破传统发展模式的瓶颈，打造经济增长"第二曲线"。比如，据 IDC 测算，预计到 2025 年，我国产生的数据总量将达 48.6 ZB，对 GDP 增长的贡献率将达年均 1.5%～1.8%，数据要素对我国经济增长的促进作用越来越大。

（三）数字化转型改变生产方式

全球工业史先后经历了三次生产方式转变，形成了手工制造、机械化生产、流水线生产、小批量个性化定制等生产方式（见表 4-1），但这些主要面向供给端，对需求侧响应不足。数字化转型能够建立起供给侧和需求侧的信息通道，实现供需更高水平的动态均衡[1]。数字技术在供需两端加速渗透，驱动生产者与使用者、生产过程与使用过程、生产场景与使用场景全方位融合，催生大规模定制这一全新生产方式，以低成本满足使用者个性化需求，可有效化解供给效率和个性需求之间的长期矛盾[2]。

表 4-1　生产方式的演进升级

制造范式名称	驱动技术	供需关系
手工制造	手工工具与手工制造技术	满足基本生存需求，少量满足贵族需要
机械化生产	机器生产技术与蒸汽机动力技术	满足大众的基本物质需求
流水线生产	电力技术、石油能源技术与流水线技术	满足更广泛和更大量的大众基础物质需求
小批量个性化定制	计算机技术、自动化技术等	部分满足多样性、个性化需求
大规模定制	工业互联网、数字孪生、人工智能等	满足大众更广泛、深层次的个性化需求

数据来源：赛迪智库整理　2023.11

（四）数字化转型变革组织形态

随着数字技术与实体经济加速融合，具备架构灵活、零边际成本的"硅"

---

[1] 刘玉书，王文. 中国智能制造发展现状和未来挑战[J]. 人民论坛·学术前沿，2021(23)：64-77.
[2] 安筱鹏. 重构：数字化转型的逻辑[M]. 北京：电子工业出版社，2019.

基资源正在重构传统"碳"基组织的架构和边界，推动组织形态的系统性重构。在企业内部，基于数字技术开放、协同、融合的特性，数字化转型可打破企业内部与企业间的"数据孤岛"和"业务孤岛"，颠覆式重构遵循"泰勒制"的"金字塔式"组织方式和流程架构，消除部门间、企业间的摩擦损耗，打造具有柔性和活力的平台型企业[①]。在企业之间，数字化转型能够使企业突破时间和空间的限制，在数字空间构建跨区域、松耦合的产业链供应链；能够指导物理空间中的企业实现业务协作和资源共享，打造以优势互补、协同联动为特征的链群化产业网络。

（五）数字化转型优化产业体系

构建现代化产业体系是推进新型工业化的重要内容和关键任务。数字化转型能够充分发挥我国制造业门类齐全、独立完整、规模庞大，以及互联网应用创新活跃、技术产业支撑有力、人力资本雄厚富集的双重叠加优势，是推进产业体系优化升级的重要抓手。一方面，数字化转型的深入推进，可加快制造业数字化、网络化、智能化步伐，为战略性新兴产业发展提供新的蓝海，同步推动传统产业的改造提升和新兴产业的培育壮大，推动产业体系高端化升级。另一方面，数字化转型可推动产品与服务、硬件与软件、应用与平台趋向交融，促进产业链价值链各环节的跨界融合，搭建形成信息互通、资源共享、能力协同、开放合作的价值共创生态圈，推动产业体系融合化发展。

（六）数字化转型适应发展要求

当前，逆全球化思维抬头，全球产业链供应链呈现本土化回缩的态势，使安全稳定成为推进新型工业化的重要前提。与此同时，气候环境不断恶化，使绿色低碳成为推进新型工业化的硬性约束。一方面，数字化转型加快工业

---

① 朱丽，郑国阳，吴伟，等. 创新投入如何高效转化？——企业内外部社会资本协同机制研究[J]. 财会通讯：综合版，2021, 000(002): 24-29.

互联网平台等载体在企业中的深度应用，有效打破了传统产业链供应链上下游企业之间的信息壁垒，减少信息不对称，驱动订单、生产、经营等关键信息的共享，从而实现产业链供应链各类风险的提前研判和协同处置，全面提升产业链供应链安全稳定水平。另一方面，数字化转型可以实现能源消耗、废弃物处理等关键信息的自动化采集和动态化监控，科学量化、实时绘制"碳足迹"，精准优化能源管理策略、生产工艺等环节，有助于提高制造业乃至实体经济的绿色化发展水平。

（七）数字化转型创新治理模式

科学、精准、合理的产业治理体系是优化产业治理方式、提升产业治理效能的重要保障，可以实现新型工业化进程中"有为的政府"与"有效的市场"的有机结合。数字化转型不仅能为产业发展提供"加速器"，还能为产业治理提供数据支撑和载体支持。一方面，数字化转型通过技术融合、业务融合、数据融合，实现跨层级、跨地域、跨系统、跨部门、跨业务的协同管理和服务，建立泛在连接、动态响应、协作协同的产业经济"驾驶舱"，进而以真实数据支撑政府决策，提高产业治理的常态化监管水平。另一方面，数字化转型以数据贯穿政府各部门、各场景，有利于打破利益固化的体制壁垒，强化各政府机构基础信息的采集力度，从根本上解决内外融合难、上下对接难等问题，实现信息共享、统一调度、及时更新，提高产业治理整体智治水平。

二、植入数字化基因的新型工业化呈现七大特征

（一）新技术引擎：以软硬耦合为关键

新型工业化的新技术引擎以软硬耦合为关键，本质上要求数字技术与制造技术全方位融合，并以两者的聚合、叠加、倍增效应为新型工业化注入发

展动能。具体而言，以软硬耦合为核心的新技术引擎，就是要求推动工业经验、规律、知识沉淀为可调用、可复制的机理模型，并将得到的机理模型深度嵌入机床、机器人等各类生产设备，协同放大个性化软件的范围经济效应和通用化硬件的规模经济效应，全方位赋能各类工业场景数字化转型，进而赋能新型工业化提质增效。

（二）新要素体系：以数据为核心

新型工业化的新要素体系以数据为核心，就是要更加突出数据要素对工业化进程的乘数作用。通过广泛渗透，将数据融入生产、分配、流通、消费和社会服务管理等各个环节，深刻改变生产方式、生活方式和社会治理方式[①]。随着数据积累越来越丰富，数据驱动的智能决策模式逐渐替代业务驱动、职能驱动和流程驱动等传统决策模式，实现人员、设备、物料、能源、系统的全面连接，打造"状态感知—模拟分析—科学决策—精准执行"的业务闭环，实现各类要素、企业、单元的灵活组织和动态协作。

（三）新生产方式：以网络化、智能化为特征

新型工业化的新生产方式以网络化、智能化为特征，就是要求面向设备、产品、产线、车间、企业构建起互联互通的网络体系；就是要求整个工业生产系统以"机智"替代"人智"，以知识驱动大幅提高生产效率。新生产方式的网络化特征体现在，要求工业企业通过开展数字化转型，以数据流动消除传统业务流程中的断点环节，加快研发设计、生产制造、经营管理、运维服务等业务流程解耦重组；同时基于网络打造并行研发、共享制造、供应链协同等新场景，减少各部门、各企业、各用户之间的信息壁垒，形成纵向互联、横向相通的新型产业网络。新生产方式的智能化特征表现在，要求工业企业利用智能传感、大模型等技术提高工业体系的"机智"水平，降低对"人

---

① 李广乾. 如何理解数据是新型生产要素[J]. 中国外资，2022(24): 11-11.

智"的依赖，以可靠的"数据+算法"实现自动化生产、智能检测和智能决策，减少人工操作和错误率。同时，新生产方式使生产系统具备"学习"能力，改变知识的获得、使用、沉淀及传承方式，推动生产管理与生产制造的全面自感知、自优化、自决策、自执行，实现生产设备、产线、车间以及工厂的智能运行，提高生产效率、产品质量和安全水平。

（四）新组织形态：以平台化、链群化为方向

新型工业化的新组织形态以平台化、链群化为方向，就是要求企业精简组织架构，实现业务流程的平台化集成和协同化决策；就是要求企业之间加强业务协作，以设备、资源等要素的共享联动适应高频竞争的经营环境。新组织形态的平台化要求工业企业利用数字技术开放、协同、融合的特性，推动企业形态由科层制向扁平化、强管理向自组织、封闭式向无边界转变，全面提升企业的创造力、灵活度和敏捷性，支撑企业组织架构和管理模式优化升级。同时，数字技术的广泛应用和数字平台的深度普及在不同企业之间建立了数字纽带，可支撑各类要素、资源、能力的互联互通，进而打造形成平台化的产业协作网络。新组织形态的链群化要求全产业链条、全产业集群中的工业企业基于各类数字平台加强资源共享、业务协同，加快制造资源的泛在连接、在线汇聚和精准对接，实现数据高度共享、能力紧密协作、风险精准预测，进而形成优势互补、齐头并进、效益共享的链群化组织形态[①]。

（五）新产业体系：以高端化、融合化为目标

建设现代化产业体系是推动高质量发展的必然要求，也是赢得大国竞争主动权的迫切需要。新型工业化是以数字化转型助力打造高端化、融合化的新产业体系。新产业体系高端化目标是指主要行业产品在性能、寿命、安全

---

① 王建伟. 数字领航 换道超车：数字化转型实践探索[M]. 北京：人民邮电出版社，2019.

性、可靠性、经济性和外观等各个方面不断改善，质量达到或接近国际先进水平[1]；产业结构向着高端产业、产业链高端环节迈进；工业劳动生产率和利润率世界领先，有效带动和扩大人均可支配收入和中等收入群体规模。新产业体系的融合化目标，从资源要素看，表现为创新链、产业链、资金链和人才链的深度融合；从产业结构看，表现为三大产业以及上中下游、大中小企业的高质量协同发展；从空间布局看，表现为各地充分发挥比较优势，形成优势互补、高质量发展的区域经济布局。

（六）新发展要求：以安全稳定、绿色低碳为底线

植入数字化基因的新型工业化是以数字技术提高产业绿色化、安全化水平的工业化。新发展要求以安全稳定为底线表现为，要在关系国民经济稳定运行、民生福祉、国家安全等重要领域和关键行业具备基本的物资生产、装备制造、零部件供应和能源原材料供给能力；在能源资源、基础材料、工业设计软件、高端设备、核心零部件、精密制造等关键核心环节具有较强的话语权、议事权和主导权；产业链供应链具备高效补链、快速组链、灵活换链的能力；基本构建起安全可信的网络产业生态体系和工业数据安全保障体系，网络和数据安全保障有力。新发展要求以绿色低碳为底线表现为，将数字技术全面融入工业发展各领域，构建形成新能源为主体的现代绿色低碳能源体系和以绿色制造为主体的现代化产业体系，使全领域数据价值充分释放、全过程生产效率显著提高、全链条能源消耗大幅降低，从而实现人与自然的和谐发展、绿色发展。

（七）新治理模式：以常态化监管、整体智治为原则

新型工业化是以数字化手段对各类经济主体进行常态化监管、整体智治的工业化。常态化监管是贯穿经济运行全过程的监管，在此监管模式下，政

---

[1] 国务院发展研究中心课题组. 传统产业数字化转型的模式和路径[R]. 2018.

府更多关注企业经营合规等常规问题,给予市场空间和弹性,平台企业得到进一步松绑解压,企业自身规范发展。在整体智治原则中,"整体"是指多元主体协同治理模式,强调政府、人民、企业、社会组织和基层组织等多元主体之间的有效协调;"智治"是治理主体充分重视对大数据、云计算和区块链等数字技术的广泛运用,进而提升社会治理智能化水平。

CHAPTER 5 | 第五章
全球主要国家以数字化转型
赋能工业化的做法

近年来，随着新一轮科技革命和产业变革深入发展，美国、德国、日本、韩国等国家纷纷出台相关战略政策，依托各国在数字技术、自动化基础、高端制造业和精密制造业等方面的比较优势，以数字化转型为重要抓手，推动数字化、网络化、智能化与工业融合发展，构筑工业化发展优势。本章梳理了主要国家的典型实践和做法，以期为我国加速以数字化转型推动新型工业化建设提供参考。

一、美国：基于数字技术创新引领优势发展先进制造业，保持世界领先地位

（一）主要做法

一是强化"再工业化"和数字化转型战略布局。美国稳步推进"再工业化"进程，强化数字技术创新应用，加快推进数字技术与制造业融合发展。美国政府早在 2012 年就出台了《先进制造业国家战略计划》，随后在 2013 年和 2016 年陆续出台《美国制造业创新网络初步设计》和《国家制造业创新网络计划年度报告和战略规划》。这些文件强调将信息与通信技术和制造业的基础与创新优势转化为美国本土制造能力和产品。2018 年，美国发布《先进制造业美国领导力战略》，该文件认为先进制造是美国经济实力的引擎和国家安全的支柱，并提出抓住智能制造系统未来、保持电子设计和制造领域领导地位、吸引和发展未来制造业劳动力等战略计划。2022 年，美国发布《2022 制造业网络安全路线图》，指出美国制造业网络安全发展的广泛愿景和具体路线；同年发布的《先进制造业国家战略》提出低成本改造生产过程、优化解决方案供给、打造数字化供应链、促进区域协同发展四大重点任务，旨在确保美国先进制造业的全球领导地位。

二是健全法律体系推动制造业数字化转型。2014 年，美国国会通过《振兴美国制造业和创新法》，要求建立制造创新计划，巩固该国创新和技术领

导地位。2021年,《两党基础设施法案》提出系列基础设施建设计划,通过加大政府投入,推动相关智能制造产业链向北美转移。2022年,《通货膨胀削减法案》通过提供相应的资源和激励措施,促进先进制造业回流;同年签署的《芯片和科学法案》明确投资半导体基础设施和前沿科技研发,该文件对促进芯片创新能力提升和加强先进制造业供应链起了关键作用。

三是强化重点领域标准体系建设。在数字技术标准方面,美国强化把本国数字技术标准变为国际标准,在重要国际标准制订机构中参与度极高,并推动形成了一系列以美国为核心的行业标准。如在物联网领域,美国EPCglobal标准在国际上取得主导地位。在电气与电子工程师协会(IEEE)标准委员会成员中,有67%是美国人;在国际互联网工程任务组(IETF)中,有56%的工作组主席来自美国,这使美国在标准制订中拥有很大话语权。在智能制造标准体系方面,美国依托工业互联网联盟(IIC)、国家标准与技术研究院(NIST)等机构,在智能制造国际标准化活动中积极开展相关工作,形成了涵盖全面且持续优化迭代的标准体系。2016年2月,NIST发布《智能制造系统现行标准体系》,横跨了制造生命周期的产品、制造系统和商业三个主要维度,为智能制造推行提供了重要支撑。

四是加快数字化转型创新载体建设。在推进先进制造业、数字化转型方面,美国设立了国家制造业创新中心,以政府引导、企业主导、学校和科研机构协同的方式,统筹各类创新资源,构建产学研政一体化创新体系。国家制造业创新中心打通了先进制造业从基础研究到应用研究,以及到生产推广的各个链条,推动了先进创新技术向规模化制造生产能力转化。美国已建成数字制造与设计、下一代电力电子制造、智能制造、先进机器人制造、先进纤维与纺织品制造等多个制造业创新中心。

五是加大产业发展资金支持。近年来,美国不断加大多元化财政支持力度,加快先进制造业发展。如在财政资金直接支持方面,美国总统拜登签署行政命令,为美国半导体研发及制造等提供527亿美元支持。在重点项目资金支持方面,美国国家标准与技术研究院于2022年发布"先进制造技术路线图计划"，首轮向国内 4 个项目资助金额总计达 120 万美元，用于支持美国跨行业制造技术路线图的研究与制订。在信贷资金支持方面，国际金融危机期间，美国政府设立汽车产业资助计划（AIFP），投入超过 800 亿美元。在税收减免政策方面，美国税法规定，高新技术相关的研究或实验支出可直接作为费用扣除，不必作为计提折旧的资本支出。

六是加强数字化工业人才教育储备。美国联邦政府高度重视先进制造业人才教育体系的革新和扭转制造业的公众形象，为制造业吸纳更多创新人才。加强以制造业数字化转型为重点的科学、技术、工程和数学（STEM）教育，提高 STEM 教育优先级，加强中小学和高中阶段教育，并鼓励企业参与，如亚马逊资助 50 个州和哥伦比亚特区的 1000 多所高中开展计算机科学课程。《2022 年美国科学与工程状况》指出，美国 STEM 从业人员超 3600 万，约占美国劳动力总数的 23%[①]。实施数字化转型前沿技术领域人才培养计划。围绕人工智能、先进制造、量子信息等前沿领域，系统性部署人才培养，如通过长期支持开展跨国研究合作、出台奖学金和奖励计划、资助各种人工智能研发机构等方式全方位加强人工智能人才储备。2022 年，美国国家科学基金会投资 3000 万美元，开展新兴技术领域劳动力发展计划，旨在提供更多新兴和新技术领域人才实践学习机会。

（二）特点分析

一是高度重视数字技术和先进制造技术，保持技术领域的领导地位。美国政府始终将推动新技术发展作为重中之重，以巩固其在全球竞争中的技术领先地位。在数字技术方面，美国政府持续跟踪当下前沿和热点技术，鼓励新技术的理论研究和产业应用，积极布局移动互联网、云计算、大数据、人工智能、物联网、区块链等数字技术。在先进制造技术方面，美国政府重点聚焦自动化、生物技术和材料科学等领域，不断加快信息技术的集成应用，积极推动工业物联网、机器学习等技术的发展和应用，提出要"追求数字双

---

① 蒋艳. 国外制造业数字化转型最新进展及对我国的启示[J]. 中国信息化，2023, (02): 5-8.

胞胎来推进智能制造",并"制订数据兼容的标准,以实现智能制造的无缝整合"。

二是提高制造业供应链和生态系统的弹性。强化风险评估预警,着力解决产业链供应链的安全漏洞。政府层面加强供应链控制,推动关键行业的供应链风险预警和评估。企业层面推进抗风险能力建设,重点加强对中小企业、弱势企业的支持,强化技能培训,推动企业加强供应链风险管理。美国通过加强供应链数字基础设施供给和先进管理模型开发等方式,推进供应链数字化转型和区域协作网络构建,支撑各方主体的科学决策和集体行动,打造相互依存、敏捷透明的先进制造业供应链和生态系统。

三是突出企业主体,完善中小企业转型保障。重视中小企业参与,扶持中小企业发展。美国非常重视提高中小企业在制造业数字化转型中的参与度,针对中小企业发布制造业拓展伙伴计划(MEP),加速中小企业对制造技术的使用。2012年至2018年发布的先进制造业的战略文件先后提出,建立小企业创新研究(SBIR)、小企业技术转移(STTR)计划和NSF创新团体(I-Corps™),为具有新想法的中小企业提供资金和技术援助;建设"产业公地",加快资源整合,加速企业创新和市场转化。此外,美国通过实施"区域创新集群计划",资助集群管理运营机构,为小企业提供专业的咨询服务;通过引导大学、基金公司等成立集群投资基金,对生物医药、先进制造等领域的优质企业进行股权投资。

二、德国:全面部署"工业4.0"战略,重振全球领先的制造业标杆

(一)主要做法

一是持续推进"工业4.0"战略布局。为保持全球制造业优势地位,德国于2013年提出"工业4.0"战略,着力提高制造业智能化水平,推动制

业向智能化转型。2016年，德国发布《数字化战略2025》，从国家战略层面明确德国制造业数字化转型方向，旨在将德国打造成世界领先的数字化国家。2018年至2021年，德国陆续发布了《数字化行动战略》及其多个更新版本，关注重点包括数据经济、数字创新、数字治理等，旨在进一步推动数字化转型，提高德国在数字化领域的全球竞争力。2019年11月，德国发布《德国工业战略2030》，强调了数字化对于工业转型和创新的重要性，提出了支持工业创新和数字化技术应用的措施和政策，明确提出工业发展的方向和目标，旨在通过数字化、可持续发展和创新等手段，确保德国工业的竞争力和可持续性。

二是针对性开展资金支持。德国政府通过不同的方式和渠道提供资金支持，以促进工业的发展和创新。政府设立战略性投资基金促进创新和技术发展，包含德国未来投资计划、德国高技术创业投资基金等，通过支持初创企业、创新项目和科技领域的研发，推动技术创新和商业化。政府通过产业发展基金为战略性产业提供包括投资、贷款、补贴等多种形式的资金支持，鼓励数字化、人工智能、可持续能源等领域企业创新研发、扩大生产能力、提升竞争力，推动关键领域的技术创新和工业发展。政府为企业研发活动提供补贴和税收优惠措施，例如，德国联邦研究部门提供研发项目合作补贴、研发合作伙伴计划等多种形式的研发资金，并使企业的研发相关支出可以享受税收减免和抵免。政府通过欧盟资金计划和欧洲区域发展基金提供资金支持，例如，2020年6月，执政联盟委员会通过总额达1300亿欧元的经济刺激计划，其中有1/3的振兴措施涉及数字化建设，投入资金高达数百亿欧元，资助领域涉及人工智能、量子技术、通信技术、智慧城市等。

三是以平台整合生态系统。德国致力于构建一个协同、高效和可持续的产业发展生态系统，通过平台来整合利益相关方的资源和能力，促进跨行业、跨领域的合作和创新。德国积极搭建创新合作平台，通过平台将各种相关产业、科研机构、政府部门和其他利益相关方汇集在一起，共同推动技术创新和产业发展。例如，西门子联合库卡、Festo、艾森曼集团等18家合作伙伴

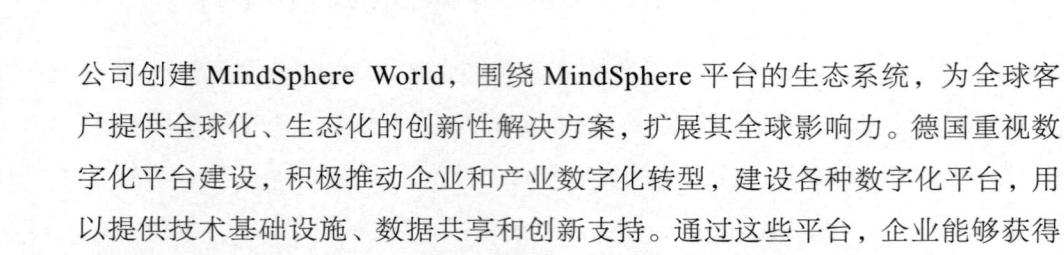

公司创建 MindSphere World，围绕 MindSphere 平台的生态系统，为全球客户提供全球化、生态化的创新性解决方案，扩展其全球影响力。德国重视数字化平台建设，积极推动企业和产业数字化转型，建设各种数字化平台，用以提供技术基础设施、数据共享和创新支持。通过这些平台，企业能够获得数字化技术和解决方案，保持竞争力并适应不断变化的市场需求。此外，德国还注重技术交流平台的建设，通过组织技术研讨会、培训课程和合作项目，促进不同企业、不同领域之间的技术交流和知识共享。这些平台不仅促进了技术的发展和创新，而且为企业提供了解决方案和支持，帮助企业在竞争激烈的市场中脱颖而出。

（二）特点分析

一是持续推进技术创新和产业发展。德国积极搭建各类平台，以平台促进技术创新和产业发展，加强企业之间的合作和知识共享。通过平台整合，德国能够快速采纳并应用最新的技术，提高产业竞争力。

二是突出数字化基础设施支撑作用。德国高度重视"工业 4.0"中数字基础设施的基础底座作用，不断提升基础设施的建设水平。在通信网络设施方面，不断加强 5G 网络、移动宽带网络建设，推动形成具有竞争力的高质量网络连接。在数据基础设施方面，德国联合法国推出欧洲数据云计划，推动构建支持欧盟云服务的生态系统[1]，确保在可信的环境中共享数据和服务。

三是高度重视区域协同和可持续发展。德国注重各个地区的经济发展和产业协同，各个联邦州都设立了自己的区域发展机构和平台。政府通过组建产业集群，并提供投资支持和技术帮助，促进区域经济的发展。同时，政府通过区域发展平台整合各个地区的资源和能力，推动不同地区之间的交流和合作，促进技术的跨界融合，共同推动产业发展和创新，助力实现经济多元化和可持续发展。

---

[1] 刘岳平，覃剑. 国外制造业数字化转型经验及对广州的启示[J]. 中国物价，2023, (10): 29-32.

三、日本：以技术创新和"互联工业"为突破口，打造"社会5.0"

（一）主要做法

一是强化制造业数字化转型战略布局。2015 年，日本发布《日本制造业白皮书》，提出"工业 4.1J"计划。2017 年 3 月，日本时任首相安倍晋三在德国汉诺威工业博览会上明确提出"互联工业"的概念。作为国家战略层面布局，"互联工业"旨在通过物与物、人与设备系统以及人与技术等各种关联，创造新附加值的产业社会[①]。"互联工业"与日本政府一个更高的目标"社会 5.0"密切相关，并成为"社会 5.0"的重要组成部分。2018 年 6 月，日本经济产业省发布《日本制造业白皮书（2018）》，正式明确将"互联工业"作为制造业发展的战略目标。为推进"互联工业"，日本经济产业省提出了"东京倡议"，确立了无人驾驶、移动性服务、生产制造和机器人、工厂、基础设施安保等五大重点领域[②]。

二是行业组织推动"互联工业"。为推动"互联工业"愿景更好实现，2015 年，日本经济产业省支持创建了包含三菱电机、东芝、丰台等日本制造企业在内的日本工业价值链促进会[③]。2016 年，工业价值链促进会发布工业价值链参考架构，为企业之间如何实现互联提供顶层指导思路。2018 年，工业价值链促进会又提出新一代工业价值链参考架构，将智能制造单元作为"互联工业"的基本单元。在实际应用中，工业价值链架构以大型企业为中心，并接入中小企业，建立了创新型的企业互联方式，为企业推动转型升级提供了良好的创新合作平台，进一步促进了日本智能制造产业的技术发展和创新。

[①] 满颖. 日本高端装备创新发展的经验与启示[J]. 中国经贸导刊(中)，2019, (08): 68-70.
[②] 李恒欣. 国外工业智能化发展对我国的启示[J]. 新型工业化，2021, 11(05): 1-3.
[③] 刘军梅，谢霓裳. 国际比较视角下的中国制造业数字化转型——基于中美德日的对比分析[J]. 复旦学报（社会科学版），2022, 64(03): 157-168.

三是形成"官产学"一体化合作机制。日本建立了较为成熟的政府和学术界的支援体制,即"官产学"一体化合作机制,其中"官产学"分别指政府、产业界和学术界。"官产学"合作机制推动日本产业界与大学、科研机构进一步深化合作,推进新技术和新产品研发,同时促进大学与研究机构更好地将学术成果进行转化。相关数据表明,日本专利技术转换率达到80%,这与"官产学"一体化合作机制的运作密不可分。

四是强化财政支持力度。日本政府重视基础设施和公共研发环节财政支持,各部门积极将资金投向关键技术领域助推基础研发。2014年,日本投资45亿日元开展"以3D造型技术为核心的产品制造革命项目",同时追加30亿日元用于公共实验基地等基础设施的建设和完善。此外,日本通过减税、补贴等方式减少技术应用推广和企业采购成本。2014年,日本出台《生产力提高设备投资促进税制》,提出"企业对先进制造技术设备进行投资可减税5%"的税收优惠政策,同时,引进先进制造业设备的中小企业还可额外享受30%的价格折扣或7%的税费减免,从而极大降低了中小企业技术投资应用门槛。

五是强化数字化人力资源保障。日本政府制订了强化数字化人力资源保障的一系列措施,进一步加强作为制造业基础的实践和体验式教育活动,并促进数学、数据科学和人工智能领域的扫盲教育,提升国民的数字化素养,构筑日本未来数字社会的基础。在制造业数字化转型人才的职业培训方面,日本经济产业省在2018年开展"产学研合作数字制造核心人力资源开发项目",开设"工厂科学家培训课程"。日本厚生劳动省为培养制造业数字化转型所需人才,制订包括应对第四次工业革命职业培训在内的多种措施以支持各类职业培训。在完善人工智能人才培养相关举措方面,日本高度重视人工智能人才培养,在小学、初中和高中加强编程教育;更新初高中课程指南,使高中毕业生获得数学、数据科学和人工智能相关的基本素养;促进高等教育的跨学科教育,培养专家人才。为加大数字人才培养力度,2019年,日本文部科学省提出"GIGA School构想",计划到2024年完成中小学计算机和平板电脑终端的部署，确保实现人机一一对应，为全国的中小学创造一个高速、大容量的网络环境。

（二）特点分析

一是大力推动制造业基础技术的产业振兴和前沿技术研发。2022 年，日本政府将工业母机、智能机器人、半导体、蓄电池等指定为特定重要商品，并逐一制订了确保稳定供应的指导方针。同时，日本根据第六次科学技术和创新基本计划安排，大力推动创新型人工智能、大数据、物联网、材料、光学/量子技术、环境能源等对未来社会至关重要的关键前沿技术的研发。此外，日本政府为促进制造业基础技术的产业振兴，还实施了普及具有高环境性能的产品、推进新产业集群或强化现有产业集群的功能、加强与新兴产业相关的支撑功能、加强网络安全、推动战略性标准化认证等举措。

二是针对制造业数字化转型痛点难点，强化自我变革能力。日本制造业营业利润在 2018 年、2019 年已连续两年减少，加之 2020 年全球蔓延的新型冠状病毒感染，使原本就面临困境的日本制造业形势更加严峻。企业传统的管理模式和业务模式遭受重创，全球供应链体系被阻断。在此背景下，日本政府提出必须加强应对环境急剧变化的自我变革能力，重建高效、经济安全的韧性供应链体系，实施制造业数字化转型发展战略。针对现实困境，日本政府力图通过制造业数字化转型，实现工程链和供应链的无缝连接，推动企业完善抗风险能力体系，保持和提升日本制造业的国际竞争力。

三是加强对中小制造业企业数字化转型的支持。一方面，加大数字技术应用补贴，支持中小企业加强数字化设备、软件服务等应用，并依托"智能中小企业支持者"等组织，为中小企业数字化转型提供指导和帮助。另一方面，日本经济产业省组织实施中小企业智能制造支持行动，依托相关机构，在全日本设立了 31 个中小企业智能制造支持中心，为中小企业提供技术支持、市场开拓等服务。此外，日本依托政府资金为中小企业数字化转型提供技术人才支持，投资 18.1 亿日元开展与中小企业相关的人才项目，派遣有先进制造业经验的技术人才协助中小型制造业企业进行数字化改造升级。

四、韩国：以技术创新推动高端化、智能化发展，力图打造"尖端产业世界工厂"

（一）主要做法

一是不断完善战略布局。韩国始终重视制造业的主体地位和供应链稳定，持续出台相关战略政策提升制造业的竞争力和创新能力，减少外部风险，促进产业的可持续发展。2018 年，韩国政府发布《第四期科学技术基本计划（2018—2022）》，提出韩国未来五年重大战略规划和具体任务，勾画出韩国迈向 2040 年的宏伟蓝图。2019 年，韩国发布《制造业复兴发展战略蓝图》，重点实施四大战略：以智能化、生态友好型和融合方式创新产业结构；以创新产业取代传统产业；以挑战为中心重组产业生态系统；强化政府在支持投资和创新方面的作用。2020 年，韩国发布《材料、零部件和设备 2.0 战略》，大幅扩充相应供应链管理名录，加大对尖端产业与国内制造业扶持力度，将供应链重点政策管理产品从 100 个增加至 338 个。2021 年，韩国颁布"数字新政 2.0"，计划到 2025 年在"数字新政"等领域投资 220 万亿韩元，推动韩国成为世界数字强国。

二是大力推动技术迭代创新。韩国是一个技术领先的国家，其在信息技术、半导体、汽车、航空航天等领域都有着重要的技术创新和发展。韩国制定了系列技术创新政策，以促进制造业的技术创新和升级。如 2023 年，韩国把 50 项与材料、零部件、设备等领域相关的先进技术列入国家"关键战略技术清单"，培育在各领域具备强大竞争力的企业，并为企业发展提供强有力支持。通过税收优惠、资金补贴和研发支持等方式，推动企业加强技术研发投入。例如，2023 年，韩国政府推动研究开发投资规模扩大至 31.1 万亿韩元，并为 5G 开放式无线接入网络、系统半导体、人工智能、量子计算与传感器等前沿高新技术研发划拨 2651 亿韩元，用以推动"工业立国"向"科技立国"转变。2023 年 6 月，韩国政府为进一步加强新兴技术领域研发，创造经济发展新优势，投资约 5000 亿韩元用以推进人工智能项目。打造创新孵化、技术交流和合作平台，推动技术创新和产业发展。韩国在全国范围内建设、发展科技园区和产业集群，提供专门的基础设施和支持服务，吸引高科技企业和研发机构入驻。通过将相关企业和机构聚集在一起，打造技术交流和合作平台，推动技术创新和供应链协同发展。

三是聚力推进科技人才培育。韩国高度重视科技人才培育，并采取了多项具体举措来推动技术创新。在加强科研机构建设方面，韩国的大德科学园集科技开发、教育和生产于一体，共有 60 个研究与开发机构以及 3 所高校，被称为"韩国的硅谷"。此外，光州、釜山、大邱等地也建设了类似的科学园区，为韩国高科技发展提供雄厚的智力支持。在重视人才引进方面，韩国制订了"企业聘用海外科学技术人才制度"，每年从国外招聘约 500 名高级人才来韩工作。2023 年，韩国教育部宣布实施"留学韩国 30 万"计划，提出了吸引留学生赴韩学习和就业的关键举措。在鼓励产学研结合方面，2021 年 9 月，韩国产业通商资源部发布了《基础技术人才需求培养战略》，计划通过产学合作运营模式，大力培养纳米材料、量子计算等多领域的人才，并推进智能绿色产业团对"产学合作"的财政支援。在加大资金支持人才培养方面，2022 年 4 月，《第 4 次科学技术人才培养与支持基本计划》提出，2022 年科技人才培养资金达 8.08 万亿韩元，较 2021 年增长近 3 万亿韩元；2022 年，计划以 2021 年制订的"加强理工类大学、研究生院竞争力的政策框架"为基础，重点实施"世界水平的超级差距技术与核心人才培养"。2023 年，韩国计划在未来四年投入 540 亿韩元，帮助大学每年培养约 400 名半导体专业人才。

（二）特点分析

一是重视技术创新和研发投资。韩国政府大力支持技术创新和研发活动，鼓励企业在制造业领域进行技术创新。通过投资研发和引进先进技术，韩国企业能够提高产品质量、降低生产成本，提高竞争力，推动制造业的发展，吸引更多投资和人才。

二是重视产业集群的发展。韩国通过促进产业集群的形成和发展，将相关企业、供应商和研发机构聚集在一起，形成良好的产业生态系统。这种做法有助于加强资源共享、技术交流和合作创新，提高整个产业链的效率和竞争力。与此同时，产业集群还可以提供更多的就业机会，促进经济的发展。

三是打造多元化供应链。韩国推动多元化供应链，不过度依赖单一国家或地区。通过与多个国家建立贸易伙伴关系，韩国可以降低对特定国家或地区的供应风险。这种做法有助于提高供应链的韧性和稳定性，减轻单一因素对供应链的冲击。

五、对我国的启示

一是制定整体性战略政策，推动制造业改造升级。全球主要国家政府为实现数字化转型愿景，致力于抢抓全球技术创新前沿高地，制定全方位产业政策，利用数字化驱动制造业转型。如美国稳步推进"再工业化"进程，加快促进数字技术在制造业数字化转型中的创新应用；德国充分调动政府的主动性，依托"工业 4.0"战略开展全局性、系统性谋划，持续推动制造业智能化发展。

二是构筑国家创新体系，夯实数字技术支撑能力。一方面，加大对基础理论、关键技术的研究投入。如美国通过多元化政策手段，进一步加大对先进制造技术研发应用的资金支持力度。另一方面，打造产学研用协同创新体系。搭建以政府为引导、企业为主体、高校和研究机构协同发力的合作关系，推动科技成果转化。如日本设立公私部门合作的"协商会"，通过强化资金支持、加强信息共享等方式，加快先进技术创新研发和应用。

三是统筹发展和安全，以数字化转型增强供应链韧性。一方面，推进以数字技术构建弹性供应链。如美国强调供应链数字化转型创新，通过追踪供应链上的信息及产品，提高供应链的可视性和敏捷性。另一方面，强化关键基础设施和网络安全保障。美国、德国等国家高度重视关键基础设施支撑作用，通过建立可防御、有韧性的数字生态系统，夯实国家和公共安全。

四是建立健全标准规范体系，保障数字化转型有序规范发展。坚持立法先行，围绕数字技术、数字基础设施、制造业数字化转型、数字生态等方面，推动出台数字化转型法律法规和标准规范，为制造业数字化转型提供有力保障。

CHAPTER 6 第六章
我国以数字化转型赋能新型工业化取得的工作成效

党的十八大以来，国家和地方层面均高度重视以数字化转型助推新型工业化发展，通过政策制定、标准推广、工程实施、试点示范等系列举措，推动工业化步伐不断加快，取得了一系列显著成效。十多年来，我国制造业数字化转型范围显著扩展、程度持续深化、水平大幅提升，为经济高质量发展提供了有力支撑。

一、政策体系不断健全

（一）国家层面政策体系逐步完善

国家层面强化战略布局和规划指引，出台《"十四五"数字经济发展规划》等系列政策文件（见表6-1），从数字技术创新、产业数字化转型、新一代信息技术和制造业融合发展等方面作出了总体部署。各部门积极推进工业领域数字化转型。中央网络安全和信息化委员会办公室、工业和信息化部、国家发展和改革委员会等部门围绕数字基础设施建设、智能制造发展、工业互联网创新应用、企业数字化转型、数字素养培育等细分领域加快部署，推动数字化转型在行业领域应用。此外，交通运输部、自然资源部等部门也积极推动数字化应用赋能行业转型升级（见表6-2）。

表 6-1　2019—2023 年国家层面关于数字化转型的政策部署

序号	发布部门	发布时间	文件名称	相关部署
1	中共中央 国务院	2021.03.12	《中华人民共和国国民经济和社会发展第十四个五年规划和2035年远景目标纲要》	深入实施智能制造和绿色制造工程，发展服务型制造新模式，推动制造业高端化智能化绿色化。深入实施增强制造业核心竞争力和技术改造专项，鼓励企业应用先进适用技术、加强设备更新和新产品规模化应用。建设智能制造示范工厂，完善智能制造标准体系。深入实施质量提升行动，推动制造业产品"增品种、提品质、创品牌"
2	中共中央 国务院	2021.10.10	《国家标准化发展纲要》	推进产业优化升级。实施高端装备制造标准化强基工程，健全智能制造、绿色制造、服务型制造标准，形成产业优化升级的标准群，部分领域关键标准适度领先于产业发展平均水平

续表

序号	发布部门	发布时间	文件名称	相关部署
3	国务院	2022.01.12	《"十四五"数字经济发展规划》	纵深推进工业数字化转型，加快推动研发设计、生产制造、经营管理、市场服务等全生命周期数字化转型，加快培育一批"专精特新"中小企业和制造业单项冠军企业。深入实施智能制造工程，大力推动装备数字化，开展智能制造试点示范专项行动，完善国家智能制造标准体系。培育推广个性化定制、网络化协同等新模式
4	国务院办公厅	2022.01.06	《要素市场化配置综合改革试点总体方案》	支持行业领军企业通过产品定制化研发等方式，为关键核心技术提供早期应用场景和适用环境
5	国务院	2022.06.23	《关于加强数字政府建设的指导意见》	以数字化手段提升监管精准化水平。加强监管事项清单数字化管理，运用多源数据为市场主体精准"画像"，强化风险研判与预测预警

数据来源：赛迪智库整理，2023.12

表6-2　2019—2023年国务院各部门关于数字化转型的政策部署

序号	发布部门	发布时间	文件名称	相关部署
1	工业和信息化部办公厅	2020.03.18	《中小企业数字化赋能专项行动方案》	引导数字化服务商面向中小企业推出云制造平台和云服务平台，支持中小企业设备上云和业务系统向云端迁移，帮助中小企业从云上获取资源和应用服务，满足中小企业研发设计、生产制造、经营管理、市场营销等业务系统云化需求。加快"云+智能"融合，帮助中小企业从云上获取更多的生产性服务。鼓励数字化服务商向中小企业和创业团队开放平台接口、数据、计算能力等数字化资源，提升中小企业二次开发能力
2	国家发展和改革委员会等部门	2020.04.07	《关于推进"上云用数赋智"行动 培育新经济发展实施方案》	筑基础，夯实数字化转型技术支撑；搭平台，构建多层联动的产业互联网平台；促转型，加快企业"上云用数赋智"；建生态，建立跨界融合的数字化生态；兴业态，拓展经济发展新空间；强服务，加大数字化转型支撑保障

续表

序号	发布部门	发布时间	文件名称	相关部署
3	工业和信息化部	2020.04.28	《关于工业大数据发展的指导意见》	支持工业企业实施设备数字化改造,升级各类信息系统,推动研发、生产、经营、运维等全流程的数据采集。支持重点企业研制工业数控系统,引导工业设备企业开放数据接口,实现数据全面采集
4	工业和信息化部办公厅	2020.05.07	《关于深入推进移动物联网全面发展的通知》	产业数字化方面,深化移动物联网在工业制造、仓储物流、智慧农业、智慧医疗等领域应用,推动设备联网数据采集,提升生产效率
5	工业和信息化部办公厅	2020.09.16	《建材工业智能制造数字转型行动计划（2021—2023年）》	形成一批系统解决方案。针对建材细分行业特点,以矿山开采、原料制备、破碎粉磨、窑炉控制、物流仓储、在线检测等关键环节为重点,提炼形成若干套具有智能感知、自动执行、深度学习、智能决策、密码防护等功能的智能化、数字化、集成化系统解决方案,促进水泥、玻璃、陶瓷等行业生产方式的自动化、智能化、无人化变革
6	工业互联网专项工作组	2020.12.22	《工业互联网创新发展行动计划（2021—2023年）》	网络体系强基行动；标识解析增强行动；平台体系壮大行动；数据汇聚赋能行动；新型模式培育行动；融通应用深化行动；关键标准建设行动；技术能力提升行动；产业协同发展行动；安全保障强化行动；开放合作深化行动
7	国家发展和改革委员会等部门	2021.05.24	《全国一体化大数据中心协同创新体系算力枢纽实施方案》	支持在公有云、行业云等领域开展多云管理服务,加强多云之间、云和数据中心之间、云和网络之间的一体化资源调度。支持建设一体化准入集成验证环境,进一步打通跨行业、跨地区、跨层级的算力资源,构建算力服务资源池
8	工业和信息化部等部门	2021.05.27	《关于加快推动区块链技术应用和产业发展的指导意见》	深化融合应用。发挥区块链在优化业务流程、降低运营成本、建设可信体系等方面的作用,培育新模式、新业态、新产业,支撑数字化转型和产业高质量发展
9	工业和信息化部等部门	2021.07.05	《5G应用"扬帆"行动计划（2021—2023年）》	深化5G、云计算、大数据、人工智能、区块链等技术融合创新,打好技术"组合拳",不断培育5G应用新蓝海。打造一批既懂5G又懂行业的应用解决方案供应商,形成5G应用解决方案供应商名录,支撑千行百业数字化转型,带动芯片模组规模化发展,促进上下游跨界协同联动

续表

序号	发布部门	发布时间	文件名称	相关部署
10	工业和信息化部	2021.07.14	《新型数据中心发展三年行动计划（2021—2023年）》	强化产业数字化转型支撑能力。鼓励相关企业加快建设数字化云平台。强化需求牵引和供需对接，推动企业深度上云用云。完善服务体系建设和IT数字化转型成熟度模型，支撑工业等重点领域加速数字化转型
11	工业和信息化部等部门	2021.09.10	《物联网新型基础设施建设三年行动计划（2021—2023年）》	以农业、制造业、建筑业、生态环境、文旅等数字化转型、智能化升级为驱动力，加快数据采集终端、表计、控制器等感知终端应用部署，支持运用新型网络技术改造企业内网和行业专网，建设提供环境监测、信息追溯、状态预警、标识解析等服务的平台，打造一批与行业适配度高的解决方案和应用标杆
12	工业和信息化部	2022.12.08	《工业和信息化领域数据安全管理办法（试行）》	数据分类分级管理；数据全生命周期安全管理；数据安全监测预警与应急管理；数据安全检测、认证、评估管理
13	工业和信息化部	2021.11.01	《"十四五"信息通信行业发展规划》	深化互联网平台与传统产业融合发展，加快物联网、大数据等新技术在实体经济中深度应用，促进智能制造和服务型制造深入发展
14	中央网络安全和信息化委员会	2021.11.05	《提升全民数字素养与技能行动纲要》	提高产业工人数字技能。完善企业员工职业技能培训体系，建立和共享职工培训中心、网络学习平台等培训载体，丰富数字素养与技能培训内容，提高员工职业胜任力。健全企业职工培训制度，针对产业工人系统开展面向生产全环节的数字技能培训，持续壮大现代产业工人队伍，培育数字领域高水平大国工匠，提升数字化生产能力。提升企业管理人员数字素养，建立数字化思维，提高数字化经营管理能力
15	工业和信息化部	2021.11.15	《"十四五"工业绿色发展规划》	加速生产方式数字化转型；建立绿色低碳基础数据平台；推动数字化智能化绿色化融合发展；实施"工业互联网+绿色制造"

续表

序号	发布部门	发布时间	文件名称	相关部署
16	工业和信息化部	2021.11.15	《"十四五"软件和信息技术服务业发展规划》	支撑制造业数字化转型。不断拓展软件在制造业各环节应用的广度和深度，打造软件定义、数据驱动、平台支撑、服务增值、智能主导的新型制造业体系。加快综合型、特色型、专业型工业互联网平台建设，开展工业机理模型、微服务、工业软件、工业App等研发部署，促进平台间的数据互通、能力协同。系统引导制造业企业加快业务上云、设备上云。支持第三方服务商提供平台建设、数据挖掘等解决方案
17	工业和信息化部	2021.11.15	《"十四五"大数据产业发展规划》	优化工业价值链。以制造业数字化转型为引领，面向研发设计、生产制造、经营管理、销售服务等全流程，培育专业化、场景化大数据解决方案。构建多层次工业互联网平台体系，丰富平台数据库、算法库和知识库，培育发展一批面向细分场景的工业App。推动工业大数据深度应用，培育数据驱动的平台化设计、网络化协同、个性化定制、智能化生产、服务化延伸、数字化管理等新模式，规范发展零工经济、共享制造、工业电子商务、供应链金融等新业态
18	工业和信息化部等部门	2021.11.17	《国家智能制造标准体系建设指南（2021版）》	基础共性标准；关键技术标准；行业应用标准
19	工业和信息化部	2021.11.17	《"十四五"信息化和工业化深度融合发展规划》	培育新产品新模式新业态；推进行业领域数字化转型；筑牢融合发展新基础；激发企业主体新活力；培育跨界融合新生态
20	工业和信息化部等部门	2021.11.24	《工业互联网综合标准化体系建设指南（2021版）》	基础共性标准；网络标准；边缘计算标准；平台标准；安全标准；应用标准
21	工业和信息化部等部门	2021.12.21	《"十四五"智能制造发展规划》	加快系统创新，增强融合发展新动能；深化推广应用，开拓转型升级新路径；加强自主供给，壮大产业体系新优势；夯实基础支撑，构筑智能制造新保障

续表

序号	发布部门	发布时间	文件名称	相关部署
22	中央网络安全和信息化委员会	2021.12.27	《"十四五"国家信息化规划》	制造业数字化转型工程；深化工业互联网创新发展；深入推进信息化与工业化融合发展；深入推进智能制造发展；加快推动重大技术装备与新一代信息技术融合发展
23	工业和信息化部等部门	2021.12.21	《"十四五"机器人产业发展规划》	提高产业创新能力；夯实产业发展基础；增加高端产品供给；拓展应用深度广度；优化产业组织结构
24	工业和信息化部办公厅	2022.11.03	《中小企业数字化转型指南》	增强企业转型能力；开展数字化评估；推进管理数字化；开展业务数字化；融入数字化生态；优化数字化实践

数据来源：赛迪智库整理，2023.12

（二）各地积极制订数字化转型路线图

全国重点省（区、市）均制定出台了以数字化转型赋能新型工业化相关的政策文件（见表6-3），聚焦本地区特色优势产业，绘制数字化转型路线图。如北京市推出"新智造100"工程，江苏省深入推进制造业智能化改造，浙江省以"产业大脑+未来工厂"为引领加快推进制造业数字化转型行动。

表6-3 重点省（区、市）数字化转型相关政策部署

序号	省市	政策文件	发布时间	相关部署及目标
1	北京	《北京市"新智造100"工程实施方案（2021—2025年）》	2021.08.30	到2023年，全面推进实施制造业"十百千万"升级计划，打造10家产值过百亿元的世界级"智慧工厂"，支持建设100家"智能工厂/数字化车间"，推动1000家制造业企业实施数字化、智能化转型升级，培育万亿级智能制造产业集群；培育10家年收入超20亿元的智能制造系统解决方案供应商，打造30家制造业单项冠军企业和一批重大标志性创新产品。重点行业的智能制造应用水平明显提升，关键工序装备数控化率达到85%以上，人均劳动生产率、资源利用率大幅提升，运营成本、产品研制周期、产品不良品率等显著降低

续表

序号	省市	政策文件	发布时间	相关部署及目标
1	北京	《北京市"新智造100"工程实施方案（2021—2025年）》	2021.08.30	到2025年，规模以上制造业企业数字化、智能化转型升级基本实现全覆盖，智能制造从优势企业的领先应用转向广大中小企业的深度普及，制造业竞争力实现整体提升。北京智能制造新经验、新方案与新模式在全球形成显著影响力，全市智能制造产业集群规模突破1万亿元
2	上海	《上海市制造业数字化转型实施方案》	2022.10.08	到2025年，全市规模以上制造业企业数字化诊断全覆盖，数字化转型比例不低于80%；五大新城规模以上制造业企业完成智能工厂L2级改造提升。全市工业互联网核心产业规模达2000亿元。形成"12345"即10个试点示范园区、200家示范性智能工厂、30个工业互联网平台、40家"工赋链主"、50个超级场景等制造业数字化转型全方位引领格局，打造国内领先的新一代信息技术与制造业深度融合发展高地。 基础保障进一步夯实。重点行业实现5G和标识解析应用服务全覆盖，特色产业园区完成高速网络全接入，特定行业建成一批工业云，网络安全保障体系更加健全。 数字供给进一步丰富。打造一批数字经济新赛道头部企业，核心工业软件、工业控制系统、工业大数据等关键领域自主可控水平稳步提升，工业元宇宙示范引领作用日益增强，智能机器人应用更加广泛，数字产业化能级大幅跃升。 链式发展进一步强化。数字化创新载体日趋多元，"链主"企业带动全链数字化改造和上云上平台进程不断加快，"平台+园区"融合创新模式不断涌现。企业以数字化转型获取发展新动能，大中小企业融通发展，产业链供应链更趋稳固，产业数字化水平显著增强

续表

序号	省市	政策文件	发布时间	相关部署及目标
2	上海	《上海市制造业数字化转型实施方案》	2022.10.08	生态体系进一步健全。长三角工业互联网一体化示范区建设取得新成效，工业数据要素价值进一步释放，全方位服务能力基本具备，重点行业共性标准形成有效供给，产融合作精准匹配，人才引育体系更加完善，两化融合管理体系实现规模以上制造企业全覆盖
3	江苏	《江苏省制造业智能化改造和数字化转型三年行动计划（2022—2024年）》	2021.12.30	通过三年的努力，全省制造业数字化、网络化、智能化水平显著提升，新业态、新模式、新动能显著壮大，制造业综合实力显著增强，率先建成全国制造业高质量发展示范区。到2024年底，全省规模以上工业企业全面实施智能化改造和数字化转型，劳动生产率年均增幅高于增加值增幅；重点企业关键工序数控化率达65%，经营管理数字化普及率超过80%，数字化研发设计工具普及率接近90%
4	浙江	《以"产业大脑+未来工厂"为引领加快推进制造业数字化转型行动方案（征求意见稿）》	2022.06.10	到2025年，产业数字化发展水平持续保持全国前列，建成全国产业数字化转型示范区，"产业大脑+未来工厂"融合应用成效明显，实现规上工业企业数字化改造全覆盖、重点细分行业中小企业数字化改造全覆盖、百亿元以上产业集群工业互联网平台全覆盖，规上制造业全员劳动生产率达到35万元/人以上，数字化创新引领作用更加凸显，在质量提升、动能转换、结构优化、绿色转型等方面取得显著成效，数据驱动、软件定义、平台支撑、服务增值、智能主导的现代化产业体系初步形成
5	江西	《江西省制造业数字化转型实施方案》	2023.06.13	加快数字化、网络化、智能化技术在各领域的应用，推动制造业发展质量变革、效率变革、动力变革。到2025年，新型基础设施支撑更加有效，工业互联网平台普及率力争达到45%。数字化服务资源有效满足企业需求，规模以上工业企业普查问诊实现全覆盖。推动1万家以上企业运用新一代信息技术实施数字化转型，带动

续表

序号	省市	政策文件	发布时间	相关部署及目标
5	江西	《江西省制造业数字化转型实施方案》	2023.06.13	30万家企业上云用云降本提质增效。两化融合（信息化和工业化融合）发展指数超过全国平均水平，基本形成覆盖产业链上下游及跨行业融合的数字化转型生态，为加快建设新兴工业强省赋能增效
6	山东	《山东省制造业数字化转型提标行动方案（2023—2025年）》	2023.10.30	融合应用赋能全面提效。推动规模以上工业企业加速数字化转型，评估诊断和服务体系基本建成，实现标志性产业链和重点产业链工业互联网平台全覆盖，建设50个以上省级"产业大脑"，打造一批对标领先水平的标杆示范，两化融合发展指数达到125左右，走在全国前列；制造业数字化转型指数保持全国领先。 数字基础设施有序提速。建设开通5G基站25万个以上、力争达到27万个，上线运营标识解析二级节点35个以上，建成"星火·链网"济南超级节点，推动国际通信业务出入口局落户青岛，加快算网一体化发展，总算力规模超过12EFLOPS（百亿亿次）。 转型服务供给持续提质。以"工赋山东"为牵引，打造具有核心竞争力和生态主导力的"领航型"工业互联网平台企业、培育40家以上深耕行业的特色专业型平台；引进培育300家以上中小企业数字化转型服务商；工业软件、智能硬件、人工智能等供给能力和赋能作用进一步增强，全省信息技术产业营收突破2万亿元，年均增长10%以上
7	湖南	《湖南省制造业数字化转型行动方案（2022—2024年）》	2022.06	通过三年努力，湖南的制造业重点行业数字化转型要走在全国前列，成功创建工业互联网国家示范区。到2024年底，全省规模以上工业企业劳动生产率显著提升，重点企业关键工序数控化率超过60%，经营管理数字化普及率达75%，数字化研发设计工具普及率达85%

续表

序号	省市	政策文件	发布时间	相关部署及目标
8	广东	《广东省制造业数字化转型实施方案（2021—2025年）》	2021.06.30	到2023年，战略性支柱产业集群和战略性新兴产业集群加快数字化转型，全省制造业数字化、网络化、智能化水平明显提升，新模式、新业态广泛推广，产业综合实力显著增强。 数字化转型成效进一步凸显。推动超过3万家规模以上工业企业运用新一代信息技术实施数字化转型，带动80万家企业上云用云降本提质增效，培育一批制造业数字化转型标杆企业。 基础设施体系进一步完善。基本建成覆盖重点行业的工业互联网网络基础设施，5G在工业领域深化应用，建成50个以上工业互联网标识解析二级节点，初步构建健康有序的标识解析体系。 技术创新能力进一步增强。突破一批工业互联网网络、平台、安全领域关键技术，工业芯片、工业软件、工业控制系统等供给能力显著增强。 产业生态体系进一步健全。引进培育500家左右制造业数字化转型服务商，打造5家左右国家级跨行业、跨领域工业互联网平台，20家左右特色专业型工业互联网平台；建立较完善的工业互联网安全保障体系。 到2025年，战略性支柱产业集群和战略性新兴产业集群数字化水平显著提升，广东省工业互联网国家示范区引领作用显著，推动超过5万家规模以上工业企业运用新一代信息技术实施数字化转型，带动100万家企业上云用云降本提质增效，以数字化引领制造业质量变革、效率变革、动力变革，形成大中小企业融通发展的产业生态

数据来源：赛迪智库整理，2023.12

二、数字基础设施不断夯实

（一）网络基础设施支撑能力逐步增强

我国大力推进网络基础设施体系化发展和规模化部署，为数字化转型奠定了坚实基础。5G 网络建设稳步推进。当前，我国 5G 网络建设按照"适度超前"原则展开部署，网络建设全球领先。截至 2023 年 12 月，我国累计建成 5G 基站 337.7 万个，覆盖了所有地级市城区、县城城区。深入实施"宽带中国"战略。建成了全球最大的光纤和移动宽带网络，截至 2023 年 12 月，我国光缆线路总长度达到 6432 万千米，同比增长 7.95%，网络运力不断增强。固定网络逐步从百兆向千兆跃升，已实现"市市通千兆、县县通 5G、村村通宽带"，千兆光网具备覆盖超过 5 亿户家庭能力。移动物联网快速发展，在全球主要经济体中率先实现"物"连接数超过"人"连接数。IPv6 规模部署深入推进。我国 IPv6 整体发展势头良好，截至 2023 年 12 月，我国 IPv6 活跃用户数达到 7.765 亿，IPv6 用户占比达到 71.96%，移动网络 IPv6 流量占比首次超过 50%。

（二）算力基础设施布局持续优化

近年来，我国加快算力基础设施建设应用，推动算力产业快速发展，为制造业数字化转型提供算力支持。围绕全国一体化算力网络国家枢纽节点建设了 130 条干线光缆，数据传输性能大幅改善。截至 2023 年 9 月，我国数据中心在用标准机架数量超过 760 万架，算力总规模达每秒 1.97 万亿亿次浮点运算，为高效处理海量数据提供了基础能力。智能计算中心加速布局，我国超过 30 个城市正在建设或提出建设智能计算中心，整体布局以东部地区为主，并逐渐向中西部地区拓展。我国已建成一批国家新一代人工智能公共算力开放创新平台，可以低成本算力服务支撑中小企业发展需求。

（三）工业互联网发展水平显著提升

深入实施工业互联网创新发展战略，工业互联网网络、平台、安全三大体系建设稳步推进，标识解析体系全面建成，低时延、高可靠、广覆盖的网络体系基本建成。基础电信企业面向工业需要，积极搭建企业外网，百家龙头企业工业互联网内网升级成效显著。截至2023年12月，外网已覆盖全国300余个城市。工业互联网标识解析体系已全面建成，五大国家顶级节点和两个灾备节点全部上线。二级节点实现了31个省（区、市）全覆盖，服务企业超34万家。综合型、特色型、专业型的多层次工业互联网平台体系基本构建。截至2023年12月，具有一定影响力的工业互联网平台超过340家，连接设备近9000万台（套），服务工业企业超160万家，覆盖工业大类的85%以上，行业赋能、赋值、赋智作用日益凸显。协同高效、技管结合的安全体系同步构建。工业互联网安全分类分级管理体系初步建立，"国家—省—企业"三级联动的国家工业互联网安全技术监测服务体系基本完善，覆盖了31个省（区、市）、14个重点行业领域、近14万家工业企业。

三、数字技术和产业供给水平显著提升

（一）数字技术创新能力持续提升

关键数字技术研发应用取得积极进展。人工智能技术创新能力突出，云计算、大数据、区块链技术创新能力位于世界第一梯队，国际专利申请和授权数量稳步增加。截至2023年4月，区块链专利授权数量全球占比达59.7%。5G在技术、产业、网络和应用等方面实现了全方位领先，6G技术研发加快。我国在高性能计算、探索性数据分析、数据库、操作系统等方面取得重要进展，智能芯片、终端、机器人等标志性产品的创新能力持续增强。各地积极推进数字技术创新联合体建设，数字技术协同创新生态不断优化。数字开源社区蓬勃发展，开源项目已覆盖全栈技术领域，32个开源项目通过技术监

督委员会技术准入。

（二）面向工业领域数字产品和服务能力不断提升

工业机器人、工业软件等产品广泛普及，工业机器人广泛用于电子、仓储、化工等各个工业领域之中。2022年，工业机器人市场规模达821.2亿元，同比增长27.3%；工业软件作为工业生产、智能制造的核心支撑，在能源、采矿、原材料、制造业等行业应用较广。我国工业软件市场保持高速发展，2023年，我国工业软件产品实现收入2824亿元，同比增长12.3%，市场规模增速远高于国际平均水平；工业App数量超过60万个，软件云化步伐加快。面向航空、船舶等行业领域个性化需求的解决方案从产品级、设备级向产业链级深入拓展。

（三）数字产业支撑能力显著增强

云计算产业规模迅速扩大。云计算技术在工业领域的应用不断扩大，重点面向工业现场数据采集、传输以及在云端的数据存储、处理和分析等环节提供基础技术支持。基于数据优化企业管理能力、提高生产效率和产品质量、降低生产成本，成为推动制造业数字化转型的重要一环。大数据产业发展成效显著。大数据产业作为激活数据要素潜能的关键支撑，在过去几年取得了显著成效，并步入了集成创新、快速发展、深度应用、结构优化的新阶段。2022年，我国大数据产业规模超1.57万亿元，同比增长18%。工业数据分析产品和服务的研发加速推进，工业大数据服务体系不断完善。人工智能产业规模持续提升。我国人工智能发展成效显著，已形成较为完整的产业体系。人工智能加速融入经济社会的各个领域，成为新的增长引擎。截至2022年，我国人工智能核心产业规模达到5000亿元，企业数量超过4300家。工业大模型应用场景逐渐成熟，智能客服、行业知识库、工业软件代码自动生成等应用日趋完善，基于大模型的人机交互、生产智能调度、质量实时监测等能力不断提升，工业大模型逐步成为新型工业化发展的新引擎。

四、企业、园区、行业融合应用能力持续提升

（一）企业数字化转型稳步推进，成为壮大社会经济发展的"生力军"

随着我国经济进入新的发展阶段，全球技术革命正在推动产业链调整和产业变革，以数字创新技术加速产业升级和商业模式重构将成为企业实现高质量发展的必选项。面向制造类企业，以智能制造为主攻方向，我国成功打造了一批工业互联网平台和智能工厂（数字化车间），推动了装备、生产线和工厂的数字化、网络化、智能化改造，全面提升了企业研发、设计和生产的智能化水平。国务院国有资产监督管理委员会数据显示，截至2022年，中央企业加大新一代信息技术、人工智能等新兴产业布局力度，累计成立数字科技类公司近500家。中央工业企业关键工序数控化率达到73%，传统产业数字化转型提速加挡，充分激发了国有企业在支撑经济发展中的重要战略作用。中小企业数字化赋能行动深入开展，数字化转型试点稳步推进。我国围绕中小企业"链式"数字化转型，梳理技术赋能、供应链赋能、平台赋能、生态赋能等四大模式，支持98个数字化服务机构梳理打造典型转型样板，推动工业互联网应用普及，以点带面引领更多中小企业数字化转型发展。

（二）产业集群批量带动产业转型，成为支撑地方实体经济发展的"领头雁"

产业园区是我国产业集聚的载体，是区域经济高质量发展的最小单元。推动产业园区数字化转型，是助力我国制造业数字化转型的关键。工业互联网加快进园区、进基地、进产业集群，逐步形成跨领域、跨主体、跨区域的产业生态。工业互联网一体化进园区"百城千园行"活动持续开展，通过打造标杆应用，推进园区数字基础设施建设，提升园区数字化水平，培育创新

生态。国家新型工业化产业示范基地成效明显，突出了企业创新主体地位，推动了支柱产业链发展，完善了支柱产业服务体系，有力引领带动了全国工业经济和地方经济的发展。

（三）重点行业全面推进数字化转型，提高综合市场竞争力

加快推进产业数字化发展，对增强我国制造业的创新力和竞争力具有重大意义。传统行业数字化转型表现亮眼，截至2023年6月，石化行业关键工序数控化率、工业云平台应用率分别达79.6%、53.4%。截至2023年12月底，我国已培育国家级示范工厂达421家、省级数字化车间和智能工厂达万余家。大飞机、新能源汽车、高速动车组等领域示范工厂的研制周期平均缩短近30%，生产效率提升约30%。钢铁、建材、民爆等领域示范工厂安全水平大幅提升，碳排放减少约12%。国家两化融合公共服务平台服务工业企业达18.3万家，这些企业的数字化研发设计工具普及率达79.6%，关键工序数控化率达62.2%。我国已培育形成新型智能产品、数字化管理、平台化设计、智能化生产、网络化协同、个性化定制、服务化延伸等新产品、新模式、新业态。

五、跨界融通产业发展生态不断完善

（一）载体建设多点开花，加速产业数字化技术创新和落地应用

一是创新合作载体规模持续扩大。创新体验中心、数字化转型促进中心等是推动制造业数字化转型的有力载体，为企业提供包括沉浸式体验、数字化战略咨询、数字化技术集成等在内的数字化转型解决方案和服务。江苏、浙江、山东、广东等地依托工业互联网创新发展工程，建设了19个面向区域和行业的工业互联网平台应用创新体验中心，体系化推动平台理念导入和应用推广，提升了区域工业互联网公共服务能力，充分发挥了体验中心在供

需对接、为企服务、人才培育等方面的引领带动作用。山东布局了一批工业互联网数字化转型促进中心，为山东广大中小企业的数字化转型提供顶层设计指引和强力政策支撑。二是技术创新公共服务平台能力不断提高。全国中小企业数字化转型服务平台、全国消费品行业数字化转型公共服务平台等国家级公共服务平台陆续上线运营，为企业数字化转型提供了全方位服务和支持。北京、武汉等地积极推进"5G+工业互联网"公共服务平台建设，并基于平台提供试验认证、测试评价、供需对接、人才培训等支撑服务，以平台促进企业创新能力提升。

（二）标准体系日益完善，引领新产品新业态新模式快速健康发展

一是标准研制取得重大进展。依托全国两化融合管理标准化技术委员会等标准机构，我国制造业数字化转型领域标准体系不断健全完善。围绕数字化转型、两化融合、工业互联网等重点领域，我国已印发《两化融合管理体系 咨询服务指南》《工业互联网综合标准化体系建设指南（2021版）》，陆续推动《信息化与工业化融合数字化转型成熟度模型》《信息化与工业化融合数字化转型能力体系建设指南》等系列国家标准发布，推进《产业数字化转型评估框架》等成为国际电信联盟国际标准。二是贯标工作持续深入。我国坚持推进制造业数字化转型领域的标准研制与宣贯，以标准引领企业深化5G、人工智能等新一代信息技术应用。2022年，我国启动数字化转型成熟度贯标。截至2023年12月，贯标试点已覆盖全国21个省市、5个计划单列市、10家行业协会，并正在加快构建区域覆盖、行业联动、大中小企业参与的数字化转型贯标工作格局，以贯标凝聚转型推进合力、服务产业转型升级。

（三）宣传推广不断活跃，调动多方力量支持制造业转型升级

依托会展论坛构建全新产业创新合作模式。我国组织举办两化融合大会、产融对接会、"工业互联网平台+园区"赋能深度行、金砖国家工业互联

网论坛、中国—东盟数字经济研讨会等系列活动，充分发挥大会、论坛的桥梁纽带作用，汇聚各方力量，推进产融合作，打造产学研用多方联动的良好生态。成功举办中国工业互联网大赛等赛事活动，聚焦数字化转型的核心需求和关键场景，通过竞赛遴选一批典型场景与解决方案，"以赛促产"助力工业转型升级，推动传统企业与数字化转型集成商、服务商跨界融合，引导培育良好的商业合作环境。

第七章
地方基于数字化转型推进新型工业化的路径探索

CHAPTER 7

在国家政策的引导和数字技术发展的推动下，各地方积极抢抓数字经济发展新机遇，结合本地产业基础和资源禀赋，明确数字化转型的战略目标，利用多元化政策工具大力推进数字技术与制造业融合应用，支撑区域新型工业化建设，取得一系列实践经验和工作成效。

一、江苏省以评估诊断为切入口，实施"智改数转网联"推动新型工业化建设走在全国前列

2023年10月23日，江苏省组织召开全省新型工业化推进会，提出要以制造强省建设为统揽，全力推动新型工业化建设走在前、做示范，为全国新型工业化探索新路、积累经验、提供支撑。江苏省作为制造业综合实力位居全国前列的制造业强省，自2022年起连续支持制造业"智改数转"，采取系列措施，按照"评估—诊断—规划—改造"的工作流程推进龙头骨干企业、中小企业、产业链数字化转型，建立涵盖近1000家机构的"智改数转"服务商资源池，依靠新技术激活新动能、拓展新领域、开辟新赛道，增创江苏工业发展新优势，持续提高制造业在全省经济社会发展中的引领和支撑作用。

（一）坚持诊评互促，推动企业愿转敢转

坚持问题导向，聚焦"诊评改转"多向发力，着力破解广大企业不想转、不敢转、不会转的难题。一是持续开展线上自评估。自2014年开始，分阶段、分领域组织企业开展两化融合和数字化转型、智能制造能力成熟度、中小企业数字化能力、数据管理能力成熟度等自评估、自对标，通过对标找差，帮助企业围绕数字化发展强思维、增意识、提动力。截至2023年，累计开展两化融合自评估企业超4.5万家、智能制造能力成熟度评估企业超3.3万家[1]，

---

[1] 付奇，王建朋，许愿. "江苏号"顶风破浪稳健前行[N]. 新华日报，2023-12-18(001).

两化融合发展水平、智能制造指数、企业数字化研发设计工具普及率、关键工序数控化率等数字化转型关键指标均居全国前列。二是聚力推动线下企业诊断。在线上评估基础上，通过线下诊断推动企业数字化改造落地落实。围绕车间、工厂、数字化应用等三类方向，研究制定制造业"智改数转"诊断工作指引，规范诊断流程，遴选优秀服务商，强化过程监督，提高诊断服务质量，"一企一策"为企业提供数字化解决方案。2022年，累计2.1万家企业完成"智改数转"免费诊断，2023年再为1.8万家企业提供诊断服务，力争到2024年底，实现全省规上工业企业"智改数转"诊断全覆盖。三是广泛加强国家标准宣贯。指导和支持各地积极对接工业和信息化部科研院所等服务机构，通过组织专题会议、线上培训等，宣传和推广国家数字化转型成熟度模型、工业互联网平台贯标、两化融合管理体系、中小企业数字化水平评测等，普及标准化理念、知识和方法，推动企业学标准、懂贯标、促转型。截至2023年6月底，江苏累计通过国家两化融合管理体系贯标评定企业4640家，其中AAA级企业173家，各项数据均位居全国第一。

（二）坚持分类推进，明确转型实施路径

基于全省制造业产业门类多、企业发展水平不一等特点，探索形成大企业引领、中小企业普及、分行业推进的实施路径。一是聚焦龙头企业，抓标杆引领。支持重点集群和产业链龙头企业建"标杆"重"引领"，建设体现世界级产业集群和拥有全球产业链竞争力的制造业数字化转型标杆企业，带动产业链各环节联动和模式创新。截至2023年7月，累计打造国家级智能制造示范工厂12家、"数字领航"企业3家、智能制造优秀场景41个、工业互联网创新领航应用案例45项[①]。二是聚焦中小企业，抓改造提升。支持中小企业推"改造"重"入门"，推动更多投入少、见效快的"微改造""轻改造"项目，促进企业跨入"智改数转"门槛。持续实施星级上云企业计划，形成一批产业基础好、发展质态优、复用价值高的典型案例，带动中小微企

---

① 吴丽琳. 奋力建设"数实融合第一省"[N]. 中国电子报，2023-07-25(005).

业上云用平台。支持重点产业园区建设一批中小企业公共服务平台，通过资源整合、平台赋能等，为中小企业数字化发展提供集成服务。截至2022年底，累计创建省级"互联网+先进制造业"特色产业基地40家、星级上云企业2.1万家，带动全省近40万家中小企业上云用平台。三是聚焦细分行业，抓示范带动。编制分行业"智改数转"实施指南，加大指南宣传推广，为不同行业推进数字化转型提供路径指引。支持行业骨干企业做"示范"重"带动"，聚焦典型应用场景建设一批智能车间、智能工厂，形成可复制、可推广的"智改数转"新经验、新模式，示范带动行业整体转型升级。截至2023年11月，已编制完成化工、钢铁、服装等12个行业"智改数转"实施指南，涵盖99个关键环节、251个重点场景、101个典型案例；累计培育省级智能制造示范工厂250家、示范车间1979个、工业互联网标杆工厂336家、5G全连接工厂21家[①]。

（三）坚持服务赋能，增强转型支撑保障

围绕资源集聚赋能，不断优化设施、网络、平台、数据、安全等要素供给，筑牢支撑制造业高质量发展的"四梁八柱"。一是加快网络数据安全体系建设。大力推动5G、千兆光网、先进算力及工业互联网标识解析等新型基础设施规模部署和创新应用，适度超前布局量子保密通信、量子互联网、卫星互联网等未来网络建设。加快企业内外网改造升级，持续推进网络安全分类分级管理体系建设，开展数字化领域数据安全专项行动。截至2023年7月，累计建设5G基站21.9万座，上线标识解析二级节点58个，数量均居全国前列。二是提升产业自主可控能力。培育壮大数字经济核心产业，做强做优"数智云网链"等新兴数字产业。加强关键核心技术（装备）攻关，组织实施工业软件自主创新行动计划和领军企业软实力提升行动，形成和推广一批优质产品、服务及软硬件一体化解决方案。2022年，全省数字经济核心产业增加值占GDP比重达11%左右，累计实施关键核心技术（装备）

---

① 胡明峰. 多项关键指标居全国第一[N]. 新华日报, 2023-11-24(004).

攻关项目204项，推广重点领域首版次软件产品113项[①]。三是优化转型服务供给。深入实施"一市一重点、一行业一重点"平台建设工程，着力构建综合型、特色型、专业型平台赋能体系。聚合智能装备、系统解决方案等资源，充实省"智改数转"服务商资源池，打造一批"小快轻准"产品和解决方案。办好世界智能制造大会、两化融合暨数字化转型大会等省政府主办的品牌会议，举办平台进园区、智能制造进园区、"百城千园行"等供需对接活动，促进企业合作交流、产品推广、品牌打造。截至2023年底，累计培育国家级双跨平台3个、特色专业型平台54个、省级平台161个，省市联动培育819家优质服务商，2024年上半年已经累计开展近400场"智改数转"活动。四是建设一批创新发展载体。围绕核心技术突破、应用赋能创新、产业生态营造和公共服务支撑等，支持各地建设一批数字化创新发展载体，为技术评估、产品测试、人才交流等提供重要支撑。截至2023年底，累计创建国家级工业互联网平台应用创新体验中心2个、应用推广中心2个、工业互联网大数据中心江苏分中心1个、工业互联网区域一体化公共服务平台2个。

（四）坚持监测评估，提高科学管理水平

围绕高质量发展目标，充分发挥政府有为善为作用，分领域进行产业发展监测评估，精准引导制造业数字化转型走深向实。一是加强企业自评估。聚焦"1650"产业体系，围绕企业、行业、集群、产业链研究制订两化融合发展水平"1+X"指标体系，引导企业通过了解现状、对标找差，推动短板产业补链、优势产业延链、传统产业升链、新兴产业建链，增强产业发展的接续性和竞争力。二是开展区域发展评估。开展全省制造业"智改数转"监测工作，根据区域两化融合发展水平，研究确定区域两化融合指数，科学评估区域两化融合发展情况，为地方研判工业经济发展、开展精准施策等提供依据和参考。三是加强数字平台建设。完善省"智改数转"服务商资源库、

[①] 2023年江苏省国民经济和社会发展统计公报[J]. 江苏省人民政府公报，2024, (04): 51-64.

诊断工作库、工作台账库、专业人才库的建设，实现省制造业智能化改造数字化转型工作数据平台与"数字工信"建设的有效衔接，加大平台数据的互联互通，开展数据挖掘和分析，为全省"智改数转"工作的指导、推进、监督和评价提供支撑。四是加强政策支持引导。2022 年，省财政拿出 12 亿元对智能车间、智能工厂建设和中小企业改造等项目投入和贷款贴息给予补助。建立"月跟踪、季调度、年考核"工作机制，开展"智改数转"专项督查激励，激发调动各地工作积极性，争创一批国家督查激励名单。南京、无锡等地获国务院建设信息基础设施和推进产业数字化成效明显地方督查激励。

二、浙江省突出梯次培育，发展"产业大脑+未来工厂"新范式促进新旧动能转换构建现代化产业体系

2023 年 10 月 24 日，浙江召开全省推进新型工业化暨深入推进"415X"先进制造业集群高质量发展大会，会议提出要紧扣"勇当先行者、谱写新篇章"新定位新使命，深入实施"八八战略"，强力推进创新深化、改革攻坚、开放提升，大力实施三个"一号工程"，动员全省坚定不移走新型工业化道路。浙江省作为我国制造业强省，创新提出培育"未来工厂"和行业产业大脑试点，发挥示范效应，将数智化的实际效用展现给企业，提高企业转型热情，以加快制造业数字化转型，构建现代产业体系，探索具有浙江特色的数字化转型之路。

（一）坚持改革创新，通过"产业大脑+未来工厂"重塑产业组织模式与治理方式，探索产业发展新范式

2021 年启动数字化改革，探索"产业大脑+未来工厂"的产业发展模式，推动新一代信息技术与生产方式、治理模式发生根本性改变。其中，产业大脑经过对资源的汇聚和数据的加工，形成以知识、模型、组件等可重复使用

的知识库和能力中心，助力企业创新变革，支撑政府高效治理。2022年，浙江省印发《以"产业大脑+未来工厂"为引领 加快推进制造业数字化转型行动方案》，以培育"未来工厂"和行业产业大脑试点为引领，推动制造业数字化、智能化、绿色化转型发展。截至2023年7月，浙江省工业领域建有1个产业大脑能力中心、1个产业数据仓，46个工业领域行业产业大脑，上线场景应用700余个，接入设备26万台，服务企业12万家，为企业平均降低成本约13%，平均提高效益约23%[①]。

（二）坚持自信自立，应用先进理念和技术标准建设"未来工厂"，打响智能制造品牌

"未来工厂"是浙江打造的智能制造示范工厂，目的是引导中大型企业加快智能化升级，避免"灯塔工厂"等商业项目过度渗透，从而减少对我国工业数据安全、技术安全的潜在威胁。一是探索建设路径。2020年，浙江印发《浙江省培育建设"未来工厂"试行方案》，提出并探索"未来工厂"建设的路径和标准，充分发挥本地区国家智能制造新模式、试点示范企业和省智能制造数字化车间/智能工厂的创建优势，打造数字化设计、智能化生产、智慧化管理、协同化制造、绿色化制造、安全化管控和社会经济效益大幅提升的现代化工厂，引领制造业模式转型。二是编制工作指南。自2020年启动建设，"未来工厂"的定义、内涵、标准等每年迭代，目前使用的建设标准和评价标准为第三版，形成了"1234"的系统架构和"五化四型十场景"的能力建设要求。三是加强理论指导。2021年7月22日，浙江正式发布《"未来工厂"建设导则》团体标准。该标准是基于浙江省"未来工厂"建设的实践经验，对标国内外智能制造先进技术标准，研究制订的指导性、引领性团体标准，明确了"未来工厂"的建设架构、关键支撑、模式创新、能力建设、发展目标、方法与措施。浙江省同步制订了分级评价标准和评估题库，按照"数字化车间—智能工厂—未来工厂"三个层级推进建设。

---

① 冯倩. 往高攀升 向新进军 以融提效[N]. 贵州日报，2023-07-11(001).

（三）坚持问题导向，深耕中小企业数字化改造，走出"学样仿样"行业推广路径

民营经济、小微企业已经成为浙江经济的金名片，是浙江最大特色、最大资源和最大优势。浙江省高度重视中小企业转型发展，滚动实施两轮"小微企业三年成长计划"，利用数字技术推动小微企业质效提升、健康发展。一是探索细分行业数字化转型路径。针对中小企业数字化转型难的问题，浙江以区县产业集群为主，在新昌轴承、江山木门、乐清低压电气、织里童装等 36 个重点产业集群开展试点，探索细分行业数字化转型路径，形成一些特色做法。例如，宁波市镇海区推进 SupOS 工业操作系统建设，培育本地工业软件企业，联合企业开发推广智能制造解决方案；温州永嘉县通过公开招投标方式，遴选蒲惠智造作为数字化总承包商，为当地泵阀产业集群的 200 家中小企业提供数字化服务，政府统一采购服务、统一服务内容、统一组织验收，单家企业软件改造费用由 30 万元降低到 14 万元。二是加强宣贯推广。在浙江省智能制造专家委员会专家的指导下，总结经验做法，形成了中小企业数字化改造"学样仿样"推广法。出台《细分行业中小企业数字化改造行动方案》等文件，在全省首批 24 个试点县和第二批 25 个试点创建县组织推广。

（四）坚持系统观念，建立有为政府与有效市场结合的制度机制，形成系统推进的新局面

数字化改革全面提升了经信业务干部的数字化素养和能力，积极促进经信业务干部普遍掌握业务梳理、环节分解、流程再造、数据贯通、系统集成、制度重塑等思维和方法。数字化全面改革使企业积极性发生根本性改变，企业主动学习交流，加快推进改造提升速度，提高新建工厂的标准。建立省市县一体化工作推进机制，省委组织部牵头开展党建引领"未来工厂"建设活动，科技厅组织相关技术攻关，人力社保厅组织人才培训，全省 11 个地市

均出台了加大资金支持"未来工厂"建设和中小企业数字化转型的相关政策。

三、山东省注重发挥工业互联网平台赋能作用，深入开展"云行齐鲁 工赋山东"行动实现综合实力新跃升

2023年11月30日，山东组织召开全省新型工业化推进大会，会上提出要坚持把高质量发展的要求贯穿新型工业化全过程，以高端化、智能化、绿色化、集群化为方向，以加快制造业转型升级、增强核心竞争力为重点，以改革开放为动力，纵深推进先进制造业强省行动，为全国发展大局做出山东贡献。长期以来，山东省坚持把工业互联网作为引领全局的重大战略来推进，开展"云行齐鲁 工赋山东"行动，按照"省级平台—国家级特色专业型平台—国家'双跨'平台"的梯次培养体系，积极培育具有国际影响力、国内领先的工业互联网产业生态，推动工业互联网加快向高层次、多领域深化，为加快推动新型工业化建设提供重要支撑。

（一）坚持创新引领，工业互联网体系化布局初步形成

一是加强政策引导。印发实施《山东省制造业数字化转型行动方案（2022—2025年）》，"一业一策"制订数字化转型目标和实施路径，明确发展蓝图和重点任务，带动山东省传统产业的升级和转型，有效提升山东省的产业竞争力和经济发展水平。出台《山东半岛工业互联网示范区建设规划（2022—2025年）》，明确到2025年，全面建成区域开放协同、网络设施完备、平台建设领先、融合应用引领、支撑保障有力的工业互联网示范区，共设置了综合质效、网络设施、平台建设等5类16项"走在前"的主要指标，提振了企业建设应用工业互联网的信心和决心。二是强化资金支持。充分发挥省级财政专项资金、政府引导基金作用，带动社会资本加大对工业互联网领域基础设施和平台建设、科技创新、成果转化、企业孵化等投资力度。落实"稳中求进"高质量发展政策，制定工业互联网省级财政支持政策实施细

则，加大对工业互联网平台、工业互联网园区、标识解析二级节点、5G建设应用、股权投资等资金支持力度。三是丰富产品服务。聚焦中小企业数字化转型痛点堵点难点，鼓励工业互联网企业加快研发轻量化ERP、MES和低代码开发平台、智能传感器、云PLC等软硬件产品，降低中小企业上云上平台门槛，进一步减轻中小企业数字化改造成本。截至2023年7月，省级及以上平台累计承载工业App超6万个、沉淀工业模型30万个、连接工业设备670多万台，服务赋能全国中小企业185多万家。

（二）坚持平台培育，工业互联网平台规模化应用取得突破

一是建立健全工业互联网平台培优机制。山东以推进制造业数字化转型为主线，开展"个十百"工业互联网平台培育工程，形成"省级平台—国家级特色专业型平台—国家级'双跨'平台"梯次成长路线，推动国家级工业互联网示范区建设迈上新台阶，带动山东省传统产业的转型升级。截至2023年7月，山东构建国家级省级以上平台服务企业近300万家。二是加快工业互联网规模发展。打造示范标杆，累计培育省级试点示范项目700多个、典型应用场景220个、工业互联网园区17个[①]，计划新打造100家"工赋山东"工业设备上云标杆企业、工业互联网标杆工厂、"5G+工业互联网"应用标杆，"以点带面"引领企业、行业、区域数字化转型。累计入选国家平台创新领航应用案例31个、移动物联网应用典型案例11个、"数字领航"企业4个、新型工业化产业示范基地平台赋能数字化转型试点4个，均居全国第一。三是提升平台服务能力。建设完善省级平台培育库，以服务企业质量效益为中心，分类分级确定培育路径，定期开展评价评测，引导平台优化基础能力、提升服务水平、拓展应用范围。创新实施工业互联网平台评价，引导平台正向竞争发展，推动省级以上平台深入企业现场，积累行业知识。

[①] 王金虎. 数字经济引领产业转型升级[N]. 经济日报, 2023-02-11(006).

（三）坚持产业推广，"云行齐鲁 工赋山东"品牌化发展逐步深入

一是优化服务体系。推动卡奥斯、浪潮云洲、蓝海、橙色云、省工业互联网协会等市场化成立工赋（山东）数字科技有限公司，建设运营省级综合服务平台、国家级平台应用推广中心、创新合作中心，集聚整合全省优质服务资源，更好服务制造业转型升级。二是提升企业转型意识。举办峰会论坛、场景反向路演、供需牵手对接等"工赋山东"系列活动40多场，对接企业5000多家，达成数字化转型合作项目300多个。深入开展工业互联网"百城千园行"活动，加快政策、网络、平台、标识、应用等资源要素一体化进园区、入企业。依托华为（山东）ICT学院，持续举办"数字专员培训班""政企人才专题培训班"，面向党政领导干部和企业家持续开展专题培训，进一步提升相关从业者认知水平和业务素质，累计培训专业人才超9000人次。

（四）坚持超前布局，全面加强产业生态良性发展

一是优化产业服务。高标准建设山东未来网络研究院，开展B5G专网、多云互联等前瞻性课题研究，提交知识产权申请超百件。支持企业与高校、科研机构融合大数据、物联网、人工智能等新技术，共同打造无边界的产业生态圈，加快推进产业数字化进程。二是超前建设部署。实施5G"百城万站"深度覆盖和"百企千例"规模应用行动。截至2023年7月，累计入库"5G+工业互联网"项目147个、5G全连接工厂种子项目77个，建设运营二级节点达到50个、接入国家顶级节点23个，标识解析量、注册量双超500亿。推动完成5600千米确定性骨干网络2.0建设升级，新建城域网超2400千米，性能指标达到国际领先水平[①]。

[①] 山东省工业和信息化厅党组书记、厅长张海波：促进数字经济和实体经济深度融合 以新型工业化支撑和服务中国式现代化[J]. 信息技术与信息化，2023, (01): 1-2.

四、江西省注重服务体系建设,开展"千人入万企"行动以评估牵引和服务产业实力提升

2023年9月28日,江西省召开全省新型工业化推进大会,提出要始终把发展着力点放在实体经济上,加快产业数字化绿色化转型,推动新一代信息技术与制造业融合发展,构建具有江西特色的现代化产业体系。近年来,为全面系统推进制造业数字化转型,江西出台《江西省制造业数字化转型实施方案》等多项政策文件,指导建立数字化转型问诊服务体系,以企业数字化发展水平评价普查为牵引,立足自身特色优势,找准本地有基础、有条件、能够率先突破的产业,持续增强产业链竞争力。

(一)坚持政策引导,系统构建"1+12"顶层政策框架体系

一是顶层设计先行。结合制造业发展和产业数字化推进的现实基础,江西省围绕重点产业链现代化建设"1269"行动计划,构建以1个《江西省制造业数字化转型实施方案》为指导、12个重点行业数字化转型行动计划为支撑的"1+12"顶层政策框架体系(见图7-1)。二是优化工作机制。针对企业、园区和平台(中心),规范数字化转型相关主体的认定机制和管理办法。以制造业数字化、工业互联网、产业大脑等领域为重点,创新构建"办法+导则+指标体系+方案"的方法论体系,营造制造业数字化转型良性政策环境,高效引导企业合理规划数字化转型路径,稳步推进数字技术与制造环节的融合应用,持续激发企业市场活力。

图 7-1 江西省 "1+12" 顶层政策框架体系

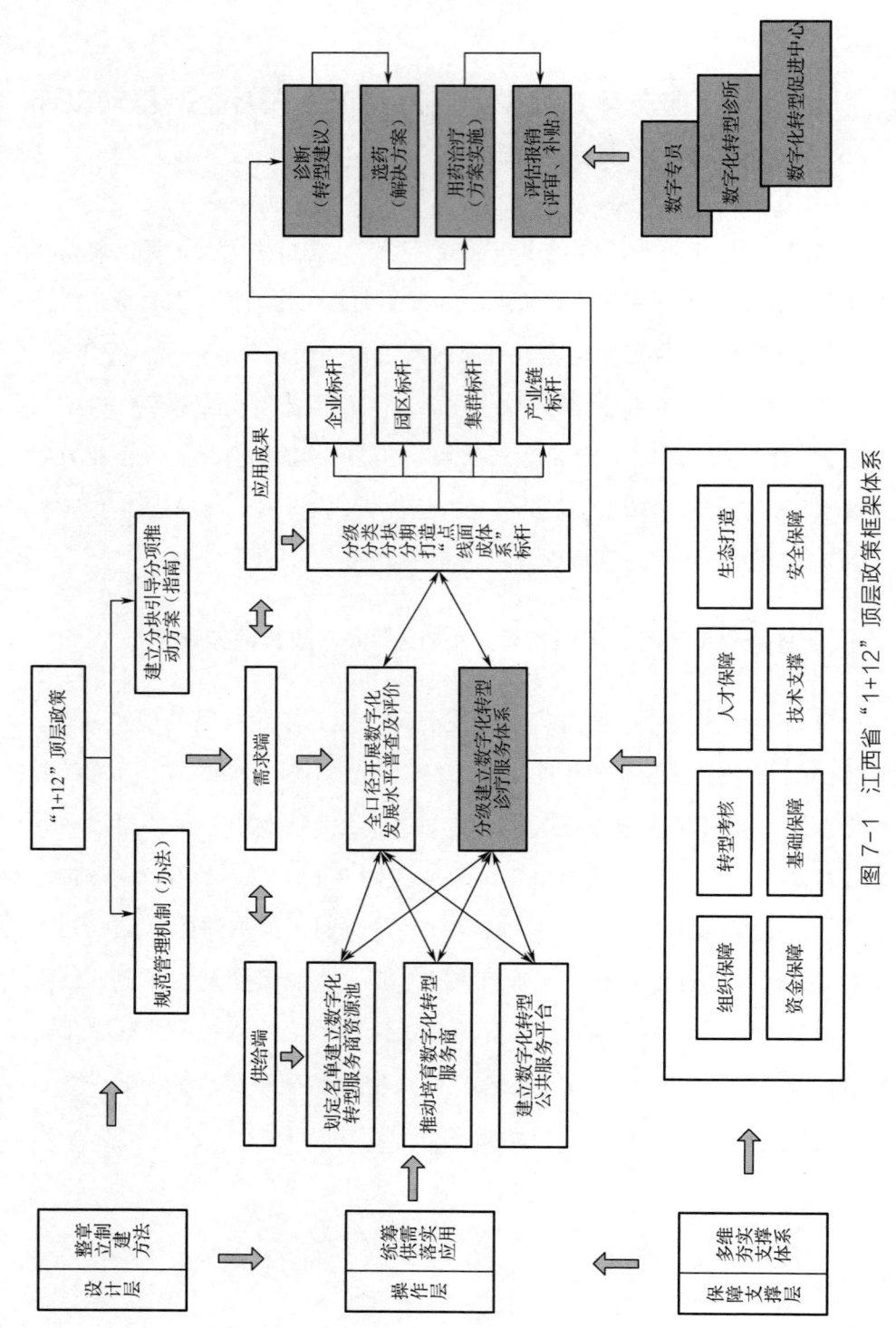

数据来源：赛迪智库整理，2023.12

（二）坚持双向发力，在供需两侧分级分类分块分期打造"点线面成体系"标杆

立足江西省制造业发展现状和数字化转型需求侧实际情况，多层次、多维度、多方式保证高质量供给，精准匹配、统筹供需，推动需求侧和供给侧双向促进，分级分类分块分期推动，打造"点线面成体系"标杆。供给侧方面，瞄准数字化转型服务商数量、质量和能力，发布江西省制造业数字化转型服务商名单，建立数字化转型服务商资源池，多手段培育数字化转型服务商、组织建设数字化转型公共服务平台。在需求侧方面，江西省开创全国先例，针对全省17000余家规模以上工业企业，开展全口径产业数字化发展水平普查及产业数字化"千人入万企"评价工作；同时，依托高质量供给体系，分级建立数字化转型诊疗服务体系，借助数字专员、数字化转型诊所和数字化转型促进中心的全覆盖支撑，推动建立"诊断（转型建议）—选药（解决方案）—用药治疗（方案实施）—评估报销（评审、补贴）"全周期数字化转型诊疗标准服务流程。在应用成果方面，坚持分级分类分块分期工作思路，打造"点线面成体系"标杆，围绕龙头企业打造企业标杆，以两化融合、工业互联网一体化为重点打造园区标杆，面向物联网、人工智能、区块链等领域打造集群标杆，以有色金属、电子信息、化工、新能源和建材等行业打造产业链标杆。

（三）坚持要素供给，多维构建人、财、物、技等支撑体系

一是坚实组织保障。建立省工业和信息化厅发展数字经济领导小组及工作组，坚持人才牵引，重点推动产业数字化"十百千万"人才培训工作。二是加强资金保障。用好专项、做实试点，2023年，江西省工业发展专项项目设立制造业数字化转型专题，分三批组织开展产业集群和中小企业数字化转型工作并予以资金支持。三是做精技术支撑。围绕新一代信息技术典型产品、应用和服务，开展案例遴选工作。以物联网为重点，加快推动相关领域

新型基础设施建设。四是强化评价考核。依托江西省制造业高质量发展指数体系，建立江西省制造业数字化转型评价指数，围绕数字化政策、设施、应用、示范和融合等指标要求，以考核为手段，倒逼约束推动转型。

（四）坚持融合应用，"由点及线到面"打好数字技术普及应用"三大战役"

一是打好"大面积、大规模企业数字化转型改造的第一战役"。集中精力推动60%以上中小企业开展数字化转型，大型企业实现80%以上的下属工厂数字化的高质量转型，支持企业建设智能制造单元、智能产线、智能车间（数字车间），直接引导推动1000家以上企业开展数字化改造，分行业分类型打造一批"数字领航""小灯塔"等标杆企业，推动5G工厂建设。二是打好"重点产业链现代化建设建链强链第二战役"。开展多场景、全链条、多层次应用示范，在重点行业形成"一行业一标杆"，培育一批工业互联网标杆工厂、5G工厂和数字化转型标杆企业，发布江西省产业大脑建设指南，启动产业大脑"揭榜挂帅"建设，围绕电子信息、有色金属、装备制造等12条重点产业链，分38个优势产业，按成熟一个批建一个的原则建设产业大脑，推动产业侧、政府侧、企业侧一系列智能化应用。三是打好"中小企业数字化转型和产业集群发展的第三战役"。推进以"工业互联园区+行业平台+专精特新企业群+产业数字金融+园区数字化管理平台"为核心架构，以龙头企业引领中小微企业协作转型，以县（市、区）和开发区为基础，全面提升区域内中小企业数字化水平，拉动集群企业整体转型。

CHAPTER 8 | 第八章
当前面临的突出问题

随着我国制造业数字化转型逐步深入，多重挑战相继涌现，关键技术短板、供需对接失衡、企业群体分化、新型安全风险、生态资源不足等问题成为阻碍制造业数字化转型的主要因素。

一、关键技术短板突出，短时期难以有效解决

（一）部分工业设备依赖进口

2021年，我国工业机器人销量达27.1万台，其中70%左右的市场被外资占据，自主品牌销量只有8.7万台；实验分析仪器、试验机、工业自动控制系统及装置、电子测量仪器等高端仪器仪表进口依赖度高，国产化率均不足50%。我国高端数控机床行业起步较晚，数控系统和部分关键功能部件主要依赖进口。诸多进口工业设备的功能不完全开放、内在工作机理不明，对我国工业设备联网和改造升级造成了严重负面影响。

（二）工业软件自主创新能力不足

我国工业软件自主创新能力不足，90%以上的CAD、CAE、MES、PLM等高端工业软件市场被SAP、西门子、达索、PTC等国外厂商垄断[1]。用友、金蝶、中望等国内软件厂商主要聚焦于企业管理场景，对工业操作现场复杂场景延伸不深，难以满足国内工业企业需求。此外，美国也逐渐加强工业软件领域的技术封锁，于2023年6月14日将我国的安世亚太公司列入美国实体清单。

（三）数字平台国际竞争力有限

相较于GE、西门子、施耐德等国外巨头工业互联网平台企业，我国平台企业在PLC、工业网络协议、工业控制等聚焦制造现场的智能管控能力相

---

[1] 赛迪智库.2021年中国工业互联网平台发展建议[J].软件和集成电路，2021,(07): 42-45.

对较弱，行业下沉深度不够。同时，工业互联网平台所需的高性能芯片、基本算法、操作系统等仍过度依赖进口。知名机构 TechInsights 的数据显示，2022 年，中国本土企业生产的芯片价值约为 152 亿美元，占全球价值（5286 亿美元）的 2.9%，而芯片进口额高达 4156 亿美元，芯片供需缺口很大。

二、供需未能精准对接，企业转型受渠道限制

（一）供给侧存在错位现象

我国工业互联网平台同质化发展，面向特定场景的特色化解决方案和面向中小企业广泛需求的标准化、轻量化解决方案供给不足，而面向企业人员、财务管理的解决方案竞争激烈。此外，有能力承担集战略咨询、架构设计、核心技术开发、数据运营等于一体的解决方案服务总集成商很缺乏。

（二）需求侧积极性尚未激发

一方面，企业担心数字化转型见效慢、周期长，投入产出难以在短期内看到明显效果，不愿承担试错风险。有报告指出，有 2/3 的被调查企业认为高额技术投入后的数字化转型效果未能达到预期。另一方面，企业担忧数字化转型面临的新型安全因素增多，自身的敏感数据和机密信息可能会被暴露，导致制造企业数字化转型积极性不高，难以开展深层次变革。

（三）供需对接渠道有待拓宽

数字化转型是一场长跑，如果缺乏清晰的价值观、路线图，转型就会出现各种偏差，以致结果并不理想。我国数字化转型公共服务平台或供需对接平台发挥效能有限，细分领域既缺乏可复制的经验和模式，又缺乏针对不同行业、处在产业链不同位置企业的专业指导，难以形成个性化契合度高的解决方案。

三、企业群体分化加剧，发展不平衡现象明显

（一）区域发展不平衡

我国区域间基础设施、产业结构、配套支持等差异性大。东部地区网络设施、数据中心、云基础设施等建设相对完善，数字化知识、人才、资金等支持较为充分，数字技术服务企业、IT 技术服务企业聚集，而西部地区基础设施、政策环境、人才供给、本地数字化转型解决方案服务商等配套支持不足。《中国数字经济发展指数（2023）》报告显示，2022 年，数字经济企业交易事件超过 23 万件，主要集中在东部沿海城市，仅北京、上海、广东、江苏、浙江 5 地的交易事件数量就占全国的 70%左右，其他各地区交易事件数量仅占 1%左右。

（二）行业发展不平衡

不同行业的数字化基础、数字化转型路径、转型难易程度不一致，导致行业间数字化水平相差悬殊。智能装备、电子信息、汽车及零部件、家电等行业本身具有数字化的基因，生产车间自动化水平高，供应链体系较为完备、产品智能化水平高，而石化、纺织等传统产业缺乏转型意识和技术，数字化转型难度大。《2023 工业互联网行业融合创新应用报告》显示，电子信息行业数字化转型综合指数达 66.4，显著高于纺织服装行业的 60.5。

（三）大中小企业发展不平衡

大型企业在资源投入和研发人才方面存在优势，具有完善的管理体系和管理流程，能够较快梳理痛点问题，持续进行数字化转型攻关。相较之下，中小企业缺乏相关技术和人才支持，经济实力不足，管理流程不规范，数字化转型困难重重。据统计，到 2022 年底，全国工业企业的关键工序数控化

率为 58.6%，中央工业企业的数控化率达到了 73%，两者差距非常明显。

四、新型安全风险涌现，引发社会各界多重担忧

（一）网络安全风险

工业数字化转型需要将企业的人员、机械、材料、方法、环境、测试等要素以及工业控制系统与互联网连接，致使传统相对封闭的工业生产环境被打破[①]。此外，在复杂网络环境中，病毒、恶意软件、黑客攻击等各种网络安全挑战加剧，工业主机、数据库等存在的端口开放、漏洞未修复、接口未认证等安全问题将带来严重后果。据《2023 上半年云安全态势报告》数据，2023 上半年，我国工业云被攻击总次数占所有行业总次数的 8.17%，位列第 2，其中，96.1% 的云上攻击来源于外网，3.9% 来自内网横移、跨网段攻击、负载均衡等。

（二）数据安全风险

数据已成为新的生产要素，是制造企业的核心资产，但是在采集、传输、存储、应用过程中面临着安全风险挑战。数据采集存在信息偏差、可靠性不高、格式不统一等问题；数据传输面临泄露、监听等风险；数据存储缺乏完善的数据分类分级隔离措施和授权访问机制，容易被非法访问、窃取、篡改；数据应用存在违规、泄露隐私等风险。据《2022 数据泄露调查报告》，2022 年，全球制造业发生的数据泄露事件共 338 起，较上年增长 25.2%。

（三）技术伦理风险

机器学习、人工智能等技术在辅助企业决策的同时，也容易造成企业对

---

① 韩佳琳，曹诗南，章蕾，等. 数字化转型背景下工业数据安全风险与应对分析[J]. 通信世界，2022，(14): 30-31.

技术的过分依赖和滥用。例如，部分制造企业为更好针对用户提供个性化的服务，利用科技手段采集用户多维数据信息，进行用户画像分析，洞察用户喜好。科技在提高产品服务的同时，也开始引发人们对于信息边界的思考。

五、产业生态仍需完善，多维度支持需要加强

（一）人才供需结构失衡

制造业数字化是一项复杂的系统工程，参与者需要懂得工业领域专业知识和 IT 开发知识，这就造成相关人才的培养时间长、难度大。此外，互联网公司往往提供数倍于工业企业的年薪，致使有工业知识的开发人员频频转入互联网行业。复合型人才结构性短缺加剧，难以为制造业数字化转型提供有效支撑[1]。

（二）金融支持有待加强

工业数字化转型投入大、回报周期长，大量优秀企业在数字化转型初期无法获得充足的资本投入。部分中小企业硬件资产不足，难以通过征信获得银行等金融支持。资本市场对工业企业数字化转型的支持力度有待进一步提高，针对企业实际的金融产品和服务有待进一步创新。

（三）数据治理和知识产权保护不足

工业数据治理水平有限，数据确权、数据追溯等体制机制尚不健全，阻碍了数据交易、数据服务等模式创新，无法有效激发数据资源价值挖掘。工业领域知识产权保护力度不足，导致部分数字化转型领域专业技术落地推广困难。

---

[1] 钱海章，张强，李帅. "十四五"规划下中国制造供给能力及发展路径思考[J]. 数量经济技术经济研究，2022, 39(01): 28-50.

CHAPTER 9 | 第九章
夯实以软硬耦合为关键的
新技术引擎

科技创新是我国应对百年变局的关键变量，更是我国以数字化转型推进新型工业化的首要任务。为顺应新一轮科技革命和产业变革的历史潮流，我国要积极推动数字技术与实体经济全方位、全链条的深度融合，全面夯实以软硬耦合为关键的新技术引擎，高效支撑工业领域各场景数字化转型，为新型工业化提质加速提供重要动力。

一、加快新型基础设施建设，打通经济社会信息"大动脉"

（一）夯实高速泛在的新型基础设施

新型基础设施作为现代化基础设施体系的重要组成部分，是畅通经济社会信息"大动脉"的基础性设施，是支撑全社会数字化转型的公共底座，也是孕育新型工业化中数字化动能的关键所在。深入推进"双千兆"协同发展，加快5G、千兆光网、移动物联网、IPv6等规模部署，推进千兆城市建设。开展"信号升格"专项行动，全面提升重点行业和重点场景的5G网络覆盖和服务质量。推进基础设施体系现代化，持续优化其布局和性能，统筹新型基础设施建设和传统基础设施升级，加快建设高速泛在、天地一体、云网融合、智能敏捷、绿色低碳、安全可控的智能化综合性新型基础设施体系，支撑工业智能化、绿色化、融合化发展。

（二）推进"云边端"一体化部署

为真正打通数字空间和物理空间的连接通道，在"云边端"各层次实现数字资源的精准调用，进而全面发挥数字化转型对新型工业化的赋能作用，须推进"云边端"一体化布局和建设。结合不同行业的基础现状和场景需求，秉持"灵活、高效、安全、平衡"的建设理念，鼓励电信运营商、数据服务商等主体创新新型基础设施的技术架构和商业模式，实现新型基础设施从云端分离式架构向"云边端"分布式架构演变。鼓励各级政府部门和各类企业根据实际业务需求，灵活调配新型基础设施资源，支持业务流程敏捷创新，减少运维管理成本，提高资源利用率。

（三）建设可信可靠基础设施

一个互联网企业即便规模再大、市值再高，如果核心元器件严重依赖外国，供应链的"命门"掌握在别人手里，那就好比在别人的墙基上砌房子，再大再漂亮也可能经不起风雨，甚至会不堪一击。同样，在以数字化转型支撑赋能新型工业化过程中，也要确保新型基础设施的可信可靠。为此，应积极促进网络安全、数据安全等企业发展，培育一批在操作系统安全、新一代身份认证、终端安全接入、智能病毒防护、密码技术、态势感知等安全产品和服务方面具有核心技术的优质企业。同时，建立完善可信可靠的技术产品清单，加强在用户终端、网络、云等多层级的深度应用，提升新型基础设施体系在多层级纵深防御、安全威胁精准识别和高效联动处置等方面的安全服务能力。此外，还应加快网络安全感知预警平台和若干重点领域子平台建设，进一步提升网络的安全态势感知、智能防御、监测预警能力。

二、推动"数据+算力+算法"协同发展，夯实数字化转型技术底座

（一）建设新型数据中心

数据中心作为承载业务流程、企业经营、产业运行等海量数据的物理载体，是数字化转型发挥作用的重要基础。应鼓励解决方案服务商加大技术研发投入，加快数据中心从以存储型为主向存算一体的转变，以充分满足政府治理、企业生产、公共服务等各类场景的需求。同时，应引导鼓励数据中心向高端化升级，大力发展集约化、高效率的集中数据中心，逐步替代小规模、低效率的存量数据中心，切实提升数据中心的性能水平和利用效率。

（二）优化算力中心布局

当前，随着数字化转型逐步迈向泛在普及阶段，数据的分析、加工、处理对算力中心的需求日益增加。应进一步完善"东数西算"的发展格局，鼓励各地方结合自身在气候、技术等方面的禀赋优势，错位发展不同类型的算力中心，优化算力设施建设布局。加快边缘算力建设，支撑工业大模型、工业元宇宙等低时延业务应用，推动算力资源实现泛在分布、集聚协同。深化虚拟化、弹性计算、海量数据存储等关键技术应用，打造云网融合、绿色节能、安全可信的算力中心体系，加快算力赋能、算网融合创新发展，为千行百业数字化转型提供算力支撑。

（三）加强算法平台建设

算法作为物理空间经验规律的代码化产物，是工业体系数字化转型的"灵魂"，也是以数字化转型支撑赋能新型工业化的重点。应聚焦工况识别、风险监测、代码编程等通用性较强的任务场景，支持高等院校、研究机构等主体建设通用算法平台，实现通用算法模型的软件化沉淀和动态化调用。鼓励政府部门、企业组织等主体，面向具体业务场景持续开发特定领域的算法平台，实现算法模型的沉淀复制和创新突破，打造从理论算法研究到行业转化应用的活跃生态，形成一批国际领先的算法库。

三、完善数字化服务体系，优化解决方案供给质量

（一）持续培育"综合型+特色型+专业型"工业互联网平台体系

工业互联网平台作为新一代信息技术与制造业深度融合的典范，是赋能工业转型升级的重要载体，对于植入数字化基因的新型工业化蓬勃发展具有重要意义。为此，应鼓励信息技术服务商、大型央企国企等积极投入资金、技术、人才等资源，加大力度建设跨行业跨领域的综合型工业互联网平台，

提高国内工业互联网平台的国际竞争力。鼓励行业龙头企业深度整合所处行业和区域的重点需求，聚焦数字基础扎实、带动效应显著的重点行业，面向制造资源集聚程度高、产业转型需求迫切的区域，建设面向重点行业和区域的特色型工业互联网平台。支持信息技术服务商围绕特定工业场景，聚焦云仿真、设备监控、大数据建模等关键技术领域，建设专业型工业互联网平台，不断提升工业互联网平台的前沿技术含量。

（二）分场景培育一批专业解决方案

以数字化转型支撑赋能新型工业化面对着特征各异、痛点不同的千行百业，应当从单点场景切入，培育一批专业解决方案，打通各类数字技术落地的"最后一公里"。具体来说，应聚焦于数字化转型的特定场景需求，培育一批专业型、辅助型的系统解决方案提供商。同时，构建重点行业解决方案资源池，打造一批面向细分行业的先进适用、稳定可靠、具有高性价比的系统解决方案。此外，还应支持有条件的龙头企业将系统解决方案业务剥离重组，推动系统解决方案服务向专业化、市场化、规模化方向发展。

CHAPTER 10 | 第十章
培育以数据为核心的新要素体系

当今时代，互联网、大数据、人工智能等数字技术与实体经济加速融合渗透。数据呈现爆发增长和海量汇聚的态势，正深度嵌入生产过程，成为重要的新型生产要素。这种变革可以改变价值增值方式，对经济增长产生乘数效应。以数字化转型支撑赋能新型工业化要求我们强化数据要素供给质量、加快数据要素市场化流通、深化数据要素开发利用，以数据为核心构建全新的要素体系。

一、强化高质量数据要素供给，释放数据要素红利

（一）提升企业数据治理能力

数据要素供给质量是数据价值释放的基础，只有对大规模高质量数据进行科学清洗、过滤等处理，才能从中提取到新型要素红利。具体到企业层面，就是要引导企业提升数据治理能力。通过奖励认证、政策倾斜等方式，充分调动企业的积极性，多措并举持续推进数据管理能力成熟度评估模型（DCMM）贯标工作，引导企业持续完善数据管理组织、程序和制度。引导企业设置首席数据官（CDO）岗位，加快数据管理理念和方法创新，加强企业职工数据资产意识，有效提升企业数据治理能力和数据要素供给质量。

（二）推动数据治理工具深度应用

数据治理包括过滤、清洗等环节，具有工作量大、产出值低、重复度高等特征，为此，需要借助数字化工具提高数据治理工作的效率和质量。应鼓励信息技术服务商面向多源异构、低质海量的工业数据，加快开发一批易部署、易使用的数据治理工具，提高数据的完整性、一致性以及规范性，以便进一步挖掘数据资源价值。同时，引导企业在各个业务部门应用数据治理工具，支撑不同业务系统之间的数据共享和信息互通，建立企业级数据血缘图谱，提高企业数据的联动性和共享性，为数据交易流通奠定良好技术基础。

（三）加快数据要素关键标准研制

数据要素如同产品、货币一样，只有在不同交易主体间流动起来，才能真正实现其价值。当前，数据要素标准化程度较低，成为其自由流动的主要障碍。应聚焦数据交易流通、安全防护等领域，鼓励智库机构、高等院校、龙头企业等主体加快研制数据字典、数据资源目录、数据分类编码等，为数据跨企业流动提供有效参考，促进不同企业的数据资源高效融通汇聚。加强数据开放理念宣传和推广，围绕数据开放过程中的数据需求及数据来源、数据开放标准和数据质量、数据权利与保障等方面[1]，积极投入研发资源，提高数据利用的规范化水平。

二、加快数据要素市场化流通，培育数据要素市场

（一）完善数据要素权属认证机制

清晰可靠的权属认证是数据要素市场化流通的前提，也是培育数据要素市场的重要工作。为此，需要进一步完善顶层设计，加快建立健全涉及数据所有权归属等方面的法律制度，以确保数据要素的有效确权与准确评估。同时，完善数据开放的法律法规和数据资源共建共享的制度体系，规范数据资源的有效利用。确立数据确权划分机制，以数据主体分类为基准，探索数据权属划分准则，以推动解决企业无序竞争和用户个人信息保护问题[2]。在保障公共数据资源公益属性的前提下，鼓励地方政府成立市场化运作的省级公共数据资源开发机构，推进公共数据资源的开发和授权开放。

---

[1] 杨大鹏. 数据开放共享的机制与对策研究：基于浙江的经验分析[J]. 中国软科学，2021, (S1): 392-398.

[2] 常欣，郭宏. 数据确权的困境与解决路径[J]. 法制博览，2021, (30): 71-72.

（二）打造数据要素两级交易市场

建立数据要素新兴市场，需要政府和企业共同合作。因此，应统筹政府和市场两方资源，加快构建两级数据要素市场结构，支撑数据要素流通体系协同高效、安全有序运转。具体而言，以政府行政机制为主构建数据要素一级市场，通过管运适度分离，建设公共数据运营机构，推动公共数据分类分级管理和深度开发利用，为数据交易提供保障。同时，以市场竞争机制为主构建数据要素二级市场，持续激发供给主体活力、促进有序竞争，规范数据进场交易，保障市场健康发展。

（三）开展数据要素市场试点培育

"试点探索—总结经验—复制推广"是一套行之有效的改革创新工作方法，并且同样适用于培育数据要素市场。在全国范围内，选择一批基础好、潜力大、意愿强的城市，开展数据要素市场试点培育工作，及时总结数据要素市场规范化、标准化等方面的成功经验。依托数据要素市场试点城市，探索开展大数据衍生产品交易，鼓励产业链各环节市场主体依法有序进行数据交换和交易，促进数据要素资源的安全有序流通。

三、深化数据要素开发利用机制，激活数据乘数效应

（一）推动数据要素与业务流程深度融合

为了更好地激发数据作为新型生产要素对价值创造的促进作用，需构建完善的数据应用体系，让数据与业务流程深入融合，从而全面优化价值创造方式。应引导企业提升数据的采集、传输、汇聚能力，加快数据要素端到端集成，通过在线化、及时性、多样化展示，有效提高数据的信息含量，全面辅助决策优化。鼓励企业加强数据与业务融合的探索，深化数据在预测性维

护、个性化定制、供应链金融等场景中的应用，挖掘并利用数据的潜在价值，构建新型市场竞争优势。

（二）以数据驱动传统要素优化配置

数据要素与其他要素的组合方式将直接影响经济增长效率，如何实现数据要素与其他要素的有机组合是准确把握新型工业化进程中数字化变量的重点工作。为此，应加强数据要素与劳动、土地、技术等传统生产要素的高度融合，打造一批以数据为基础的优质解决方案，探索以数据为依据进行资金、技术、人才等资源的优化配置，提高经济资源配置效率。同时，深度开发利用产品运行数据和用户反馈数据，鼓励金融机构、研发机构等主体基于数据，创新金融产品供给和产品功能设计，全面优化经济社会产品和服务的形态，实现高质量供给和多样化需求的动态平衡。

CHAPTER 11

第十一章
打造以网络化、智能化为特征的
新生产方式

近年来，全球越来越多的工业企业开始探索数字技术的融合应用，尝试通过生产方式和资源组织模式的系统性重组，塑造新时期的竞争优势。据工业和信息化部统计，截至2023年3月，我国已建成超过2100个高水平的数字化车间和智能工厂。与传统生产车间相比，这些数字化车间和智能工厂的产品研发周期缩短20.7%，生产效率提升34.8%，产品的不良品率降低27.4%，碳排放减少21.2%，体现出生产方式转型带来的巨大效益。由此可见，推动生产方式向网络化、智能化升级，是推进新型工业化的可行路径。

一、加快生产设备智能升级，提高设备利用效率

（一）积极推进工业设备上云上平台

工业设备作为工业生产的基本要素，不仅是制造业企业开展数字化转型的关键起点，也是新一轮科技革命和产业变革机遇中推进新型工业化的重要支撑。为减少污染物排放，应推动高耗能设备上云，并基于平台开展设备状态监测、工况改善、故障诊断和远程运维等服务。同时，推动高通用设备上云，精准采集设备运行参数和环境参数，保障设备安全、可靠、稳定、高效运行。推动高价值设备上云，实现设备与设备、设备与环境、设备与服务之间的互联互通，加速培育网络化协同制造、供应链金融、设备融资租赁等新模式。推动新能源设备上云，开展设备建模、功率预测、调度优化等服务，降低发电成本。

（二）加快重大技术装备推广应用

作为推动工业转型升级的重要一环，推动工业母机、智能机器人等重大技术装备的普及应用，可以有效提升生产设备的自主学习、自适应调整、自主决策等功能水平。由此，应汇聚产学研创新资源，促进工艺机理、数字技术与装备制造深度融合，探索工业元宇宙、大模型、数字孪生等新兴技术应用，以推动智能制造装备的创新突破。落实首台（套）重大技术装备支持政

策，引导国有企业、龙头企业率先应用新型智能制造装备，促进制造装备的成熟迭代和应用推广。

二、推广网络化生产方式，加强生产资源共享

（一）深化产品全周期协同

产品全周期涵盖研发设计、生产制造、质量管控、售后服务等关键环节。然而，许多企业在产品全周期环节中存在数字化断层，因此提高企业内部协同水平显得尤为重要。应引导企业加强产品生命周期管理（PLM）、企业资源计划（ERP）、制造执行系统（MES）等的集成应用，建立跨部门的沟通和协作机制，实现研发与制造协同、采购与销售协同，进而提高企业内各部门间的协作效率。支持企业提高客户运营能力，精准采集用户各类需求信息，并转化为结构化数据，以驱动各部门的精准联动，实现企业供给能力和客户需求的高度适配。

（二）强化生产全过程协同

作为大多数工业企业的核心业务，生产全过程一般包括工厂建设、计划调度、生产作业、仓储物流等重点环节，且各环节间的协作效率需进一步提高。应鼓励有条件的企业全面梳理核心参数和管理经验，并将其进行代码化、模块化和软件化封装，提高隐性知识的显性化水平，提升生产全过程的质量一致性和工艺一体化水平。同时，支持企业面向内外所有部门应用计划排程系统，深度集成模拟算法、运筹模型等技术，实现人员、机器、物料、运输等制造资源的全局动态平衡。

（三）加强供应链全环节协同

供应链全环节主要包括供应链计划、供应链采购与交付、供应链服务等

重点场景。这些环节的稳定畅通直接关系着企业应对市场波动的能力,因此,建立网络化协作体系至关重要。应引导企业应用 5G、人工智能等技术,与上下游企业建立供应链重点信息共享机制,确保物料配送、资金流通、工序衔接等关键环节的无缝运转。同时,引导链主企业建立风险预警平台,加强对关键原料、零部件的价格和产量等关键信息的动态监测,及时预警断供等风险,并做好应对预案。

三、推广智能化生产方式,提高制造业生产效率

(一)建设智能场景、智能车间和智能工厂

为实现智能化生产方式,企业应统筹推进智能场景、智能车间和智能工厂的建设应用。为此,应引导龙头企业加快数字孪生、大数据等新技术的深度应用,探索形成一批成熟的智能场景,并面向同行业开放共享。支持企业围绕加工、测试、包装等环节,加快智能装备的联网和集中管控,打造一批具有巨大潜力的智能车间。结合原材料、装备制造、消费品、电子信息等重点行业的运行特征和发展趋势,鼓励有条件的企业开展全部门、全环节的智能化改造,形成一批具有示范引领作用的智能工厂。

(二)深化工业人工智能应用

以大模型为代表的通用人工智能已在生成式设计、自然语言交互等方面显示出卓越性能,对加快新型工业化进程起到了关键作用,并将成为企业提升生产智能化水平的重要支撑。由此,应引导解决方案服务商加强大模型等技术的创新应用,与各类创新机构协作,强化在垂直化、多模态、轻量化等专业领域的研究布局,打造一批工业人工智能解决方案。同时,鼓励工业企业在工艺设计、多物理场仿真等场景中,加强对人工智能的探索应用,形成基于工业人工智能的新模式新业态。

CHAPTER
12 | 第十二章
打造以平台化、链群化为方向的
新组织形态

无论是单个部门、单个企业，还是产业链、产业集群，其组织架构和业务规则都在悄然发生变化。各类扁平化企业、平台型企业快速涌现，并焕发出蓬勃生机。借助数字化转型，企业内部组织架构加速精减、外部边界加速融合，传统的市场关系由竞争向竞合加速演变。这种以灵活组合、动态协作为核心的新机制，高效适应了变化多频、即时满足的需求体系。因此，加快打造以平台化、链群化为方向的新组织形态，既是数字化转型的重点工作，也是推进新型工业化的有效路径。

一、打造扁平化组织架构，激发企业发展活力

（一）引导企业精减管理层级

在过去的300年里，工业革命不仅推动了世界主要经济体的繁荣，也孕育了一种以规模追求、错误避免、规则引领为导向的科层制组织架构。然而，这种组织架构存在着决策链条长、部门协同差等问题，明显已不再适应当前快速变化的竞争环境。为此，需借助数字化转型的变革力量，精减组织层级，形成一套责任驱动、高效敏捷的组织架构。引导企业建立覆盖全域的数字化管理系统，实时采集并可视化展示企业现场数据，并通过数据分析支撑各项业务决策的科学制订和顺利实施，实现管理与业务的同步优化。鼓励企业深度整合各个业务系统，构建跨部门的数据自由流动机制，促进人力、资金等的平台化汇聚，通过业务数据的协同应用，驱动各部门之间的同步发展。

（二）加强数字平台普及应用

数字平台以其突出的开放性、虚拟性、协同性等特点，促进了资源集聚、无界延展、动态协同的平台型企业的产生。在以数字化转型支撑赋能新型工业化的过程中，加强各类数字平台的普及应用显得尤为重要。应支持企业利用工业互联网平台等工具突破传统组织边界，重构以开放共享为特征的组织

协作网络，面向社会范围高效整合集聚、开放、共享各类生产要素和制造资源，形成一个在线化、共享化、市场化的要素资源池。同时，鼓励企业建立合作性强、流动性大、主动性高的协作网络，打造跨地域、跨专业、跨学科的"并行协同"组织协作模式，形成一个创新活跃、开放共享的新型价值网络。

二、以链主带动全产业链转型升级，提升产业链综合竞争力

（一）引导链主企业率先转型升级

链主企业在产业链供应链中位居主导地位，往往处于"牵一发而动全身"的关键环节，并具有强大的技术创新能力、市场影响力和产业链拉动能力，是推动产业链转型升级的重要着力点。依托现有试点示范等工作，围绕原材料、装备制造、消费品、电子信息等领域细分行业供应链数字化转型，加快遴选出一批转型成效显著、市场话语权强大、引领作用强劲的链主企业。鼓励这些链主企业结合自身转型需求和供应链中的共性痛点问题，加快开发可复制、可扩展的行业数字化转型解决方案。

（二）形成"链主领航、成员跟随"的雁阵式转型格局

同一条产业链上的企业是利益攸关、休戚与共的命运共同体，仅凭链主企业开展数字化转型尚不足以支撑产业链转型升级，需产业链中全体成员共同推进数字化转型。在此过程中，应引导链主企业依托其市场竞争优势地位，发挥订单规模优势，积极探索创新技术附加、利益共享等商业模式，推动工业互联网平台在供应链各环节的全面应用，形成"百链上平台、万企用平台"的良好态势。同时，应引导链上企业积极接入链主平台，推动产品库存、物流等数据流动共享，畅通供应链网络协作机制。

三、推动重点产业集群数字化转型，打造实体经济多元增长极

（一）加快先进制造业集群数字化转型

2019年，工业和信息化部开始启动先进制造业集群发展专项行动，经过多轮筛选，最终遴选出覆盖高端装备、新材料、生物医药等行业的45个国家级先进制造业集群。这些集群在技术水平、要素集聚、产业协同等方面较为领先，具备成为产业集群数字化转型"排头兵"的潜力。应引导先进制造业集群加快数字化改造升级，建立全面感知、实时反馈、便捷高效的数字化运营服务体系平台。该平台旨在为集群内企业提供技术工具、金融支持、数据分析、供需对接、招商导引等精准服务，促进各类创新要素集聚，提升产业集群发展水平。此外，还应加快京津冀、长三角、粤港澳大湾区、成渝地区双城经济圈等重点城市群的数字化转型，以工业互联网平台、区域制造业数字化转型促进中心等为枢纽，促进资源要素跨区域高效配置，推动制造资源在线化、能力共享化、服务一体化。

（二）缩小区域数字化转型鸿沟

数字化转型高度依赖于技术、资金、人才等基础条件，这使具备良好经济基础的东部沿海地区在数字化转型方面超过西部地区，形成了明显的数字化转型区域差异。为消除这一新型"胡焕庸线"，应支持东部、中部、西部、东北地区利用数字化平台、虚拟产业园、科创飞地等，引导东部产业资源向满足发展条件的中部、西部和东北地区转移，推动区域产业体系和相关资源要素在地理空间上的合理配置与适度均衡。同时，依托产业转移发展对接活动，鼓励东西部地区建立数字化转型结对帮扶机制，实现应用场景共拓、技术方案共享。

CHAPTER 13 | 第十三章
打造以高端化、融合化为目标的
新产业体系

世界银行研究表明，第二次世界大战以后，各国致力于发展经济，并且有数十个国家迈入了工业化发展阶段。然而，只有日本、韩国等少数国家通过工业化发展跃升为发达国家，大多数国家在"中等收入阶段"止步不前。这些陷入"中等收入陷阱"的国家，在人均GDP达到1万美元之后，因为劳动、土地等要素成本的急剧上升，逐渐丧失了劳动密集型传统产业的竞争优势，导致产业向成本更低的地区转出。目前，面对发达国家高端产业回流和发展中国家低端产业分流的双重压力，我国迫切需要稳固产业竞争优势并提高在全球产业分工中的地位。数字化转型是实现产业链、创新链、价值链深度融合的关键，并能够推动产业体系向高端化、融合化发展，从而全面重塑我国产业竞争能力。

一、数字化赋能质量品牌建设，增强高端产品和服务供给

（一）推动质量管理数字化变革

产品质量是企业生存发展的"生命线"，也是市场开拓的"加速器"。当前，数字化转型在工业领域展示出巨大的应用潜力，能够支撑质量管理方式创新，成为企业提高产品质量竞争力的有效路径。应引导企业加强互联网、大数据、人工智能等新一代信息技术在质量管理活动中的融合应用，增强全生命周期、全价值链、全产业链的质量管理能力[①]，系统化提高产品和服务质量的稳定性。同时，引导企业强化各环节质量管理的数字化能力，推进数据驱动质量策划、质量控制和质量改进，促进形成质量品牌优势，推动制造业整体向中高端跃迁。

（二）加强产品与服务间的协同联动

产品是企业打开新市场的"硬资质"，而服务则是企业赢得长期收益的

---

① 刘琳琳，贾楠，陈一军，等. 在数字化转型中加速印刷业智能化建设[J]. 印刷技术，2022, (02): 1-5.

"软实力"。当前，数字化转型能够赋予产品感知、传输、控制等功能，使产品与服务建立联系纽带，是企业同步推动"产品+服务"高端化升级的重要抓手。由此，应支持企业基于工业互联网平台构建用户交流渠道，以用户需求精准驱动产品设计和生产过程，建立全周期交互关系，精准采集用户需求。鼓励汽车、工程机械、装备制造等行业为产品加装数据采集模块，动态监控产品运行情况和健康状态，探索为用户提供预测性维护、精准化保养等延伸服务。

二、推动传统产业转型升级，提高产业发展能级

（一）分类推进不同行业数字化转型

经过多年发展，我国已拥有41个工业大类、207个工业中类、666个工业小类，是全世界工业体系最齐全的国家。然而，不同行业之间的痛点问题和典型场景存在显著差异，须根据行业特点，分类推进数字化转型。应聚焦原材料、装备制造、消费品、电子信息等重点行业痛点问题和转型需求，分别梳理数字化转型关键场景清单，明确不同行业数字化转型的切入点。鼓励信息技术服务商围绕不同行业数字化转型关键场景，整合资金、技术、人才等资源，开发形成一批成熟的、可复制的解决方案，提高各行业数字化转型的深度和广度。

（二）积极培育制造业数字化转型新模式

在传统封闭的工业技术体系中，工业价值创造以产品为中心，重点关注产品生产效率，价值来源较为单一。数字化转型能推动企业与消费者、供应商、合作伙伴等利益相关者建立更加紧密的关系，探索更加丰富多元的商业模式。为此，应鼓励企业加强互联网、大数据、人工智能等新一代信息技术的融合应用，驱动生产方式、组织模式和商业范式的深刻变革。

积极倡导企业探索数字化管理、平台化设计、智能化生产、网络化协同、个性化定制、服务化延伸等新模式，以推动传统制造系统各个环节和要素的解耦和重构。

（三）积极拓展制造业数字化转型新业态

在工业经济时代，产品发展主要基于产品形成专业分工体系。数字化转型能够助力企业拓展分工网络，实现不同行业的交织融合，激发更加活跃的新型业态。为此，应支持企业基于工业互联网平台进行研发设计、生产制造、产品流通以及售后服务等业务系统的云化改造，持续探索零工经济、共享制造、现代供应链、工业电子商务、产业链金融等新业态，从而进一步强化工业发展动能，打开经济增长新空间。

三、壮大新兴产业和未来产业应用市场，增强产业需求牵引力

（一）加快新兴技术实验验证和产业推广

新兴技术需经过实验验证形成成熟的产品，大范围进行推广应用，才能形成新兴产业。数字化转型可以为新兴产业提供应用场景，驱动产业发展壮大。应瞄准新材料、新能源、通信等领域，加大对基础研究的支持力度，充分调动市场资源，加快推进新兴技术实验验证进程。同时，完善科技成果转化机制，推动新兴技术在数字化转型关键领域的产业推广，打通从科技研发到落地转化的创新闭环，以高质量需求牵引新兴技术原始创新。

（二）引导解决方案提供商加强新兴技术融合

数字化转型解决方案是特定场景中不同技术组合的集中体现，其普及应用将为新兴产业发展提供强大动力。应鼓励数字化转型解决方案提供商积极融入新兴技术创新浪潮，利用项目经验和人才优势，助力新兴技术加速创新

和迭代。引导解决方案提供商在产品开发过程中，加强新兴技术融合应用，不断提升解决方案的先进性，加速用户数字化转型进程，筑牢新型工业化技术保障。

（三）因地制宜培育一批产业发展示范区

产业集群通过集聚同类企业，可以加快资源的有效集聚，并形成规模效应。这种发展路径不仅适用于传统产业，也适用于新兴产业。应结合各地先进制造业产业集群发展情况，在全国范围内统筹布局一批新兴产业和未来产业的发展示范区，打造现代产业体系多元增长极。与此同时，应分类制订评价机制，定期对发展示范区进行水平评估，并发布榜单排名，引导各地方形成"比学赶超"的良好氛围。

四、深化国际交流合作，促进优质资源双向流动

（一）深化跨国企业间的交流合作

在全球化发展潮流下，国际交流的重要性越发凸显。随着数字化转型的不断深入，我国企业与国际市场的联系将更加紧密，这对加快先进技术和成功经验的双向流动有益。应鼓励大型跨国企业积极与发达国家开展技术交流，学习先进技术和实施经验，努力提升自身技术水平，实现"以项目换技术"向"以技术换项目"转变。同时，支持大型跨国企业充分发挥需求优势，通过项目合作，积极引进国际创新资源，促进国内科技创新。引导大型跨国企业基于工业互联网平台实现生产、经营等业务的集中管理，统筹国内国际两个市场，高效配置各类资源，为科学决策提供数据支撑。

（二）探索建立数据跨境流动的可控机制

数据要素是数字化转型发挥作用的关键基础，同样在国际交流合作中发

挥着重要作用。目前，数据跨境流动是各方关注的焦点，也是我国在更广范围推进新型工业化的必然之举。针对跨境电商、跨境支付、供应链管理、服务外包等典型应用场景，应积极探索安全规范的数据跨境流动方式。同时，统筹数据的开发利用和数据安全保护，探索建立跨境数据分类分级管理机制。按照对等原则，对涉及国家安全和利益、履行国际义务的管制物项数据，依法依规实施出口管制，保障数据合法使用，防范数据出境安全风险。

CHAPTER 14

第十四章
把握以安全稳定、绿色低碳为
底线的新发展要求

一方面，当今世界逆全球化思潮盛行，以效率为导向的全球化产业分工体系正加速向以安全为导向的本土化、多中心化分工演进。另一方面，世界大多数国家签署了《巴黎协定》，承诺减少化石能源消耗和温室气体排放。工业作为传统碳排放大户，需加快节能减排降碳的步伐。因此，在推进新型工业化进程中，要协同推进数字化与韧性安全、绿色安全，并准确把握这两项发展要求。

一、推动产业链供应链数字化升级，增强"双链"韧性与稳定

（一）推动产业链供应链关键数据共享

为有效应对地缘政治、贸易摩擦等全球冲击，提升产业链供应链的韧性和安全水平至关重要，而实现这一目标的关键措施是打通产业链供应链关键数据共享通道。为此，应鼓励链主企业基于工业互联网平台，将产品订单中的数量、规格、时间等信息与链上企业进行实时共享，构建起供应链关键数据的"高速公路"，消除各环节的信息不对称问题，驱动各环节智能决策。支持链主企业打通链上企业的采购、库存、结算等业务系统，通过"精准数据+智能算法"，确定最优供应策略，强化订单执行能力，动态平衡供需关系。

（二）激发龙头企业生态整合作用

龙头企业在产业链供应链中具有较高的市场地位和较强的带动作用，可以作为以数字化转型提升产业链条稳定性的关键力量。可鼓励有一定基础的龙头企业基于工业互联网平台，打造"需求采集—产品设计—供应方案"的快速响应体系，缩短产品迭代周期，合理设置安全库存。同时，引导龙头企业垂直整合原料供应、研发设计、生产制造、销售经营等环节，动态采集各个环节的原料、价格、产量等信息，建立重大风险点全局预警机制，提高各环节协同配合、风险处置、应急响应能力。

（三）强化链上企业的风险协同处置能力

产业链供应链全环节的企业应当同步开展数字化转型，利用数字技术消除不同企业之间的业务边界和组织边界，实现信息共享、业务协作和决策协同，共同应对断链、断供、脱链等重大风险。引导链上企业基于工业互联网平台建立涵盖产供销各方的物流、信息流和资金流协同一体的运作体系，实时洞察产业链供应链风险点，准确定位薄弱环节，确保产业链供应链稳定畅通运行。鼓励链上企业面向原料采购、物流运输、产品销售等关键环节，建立成熟的风险预警机制，共享应急处置能力和经验，全方位筑牢产业链供应链安全底座。

二、推动安全生产数字化转型，降低产业安全风险

（一）增强产业安全信息的实时监测能力

准确、可靠的安全信息监测是企业预警风险的重要前提，也是企业利用数字化转型提高本质安全的关键。应分行业制订产业安全信息监测清单，开发和部署产业安全信息实时监测软件、工具集和语义模型，实现产业安全信息的云端汇聚和在线监测。支持企业整合现有安全生产相关的数据、平台和系统，增强安全感知、监测、预警、处置、评估等功能，提升跨部门、跨层级的安全生产联动联控能力。

（二）增强产业安全风险的超前预警能力

超前预警安全风险能够有效支撑企业提前行动，并最大限度减少损失，这在企业实现安全生产的过程中具有举足轻重的地位。应基于工业互联网平台的泛在分布、网络连接和海量数据，建立产业安全风险特征库和失效数据库，并分行业配置产业安全风险模型，从而在国际贸易、安全生产、供应链

稳定等方面实现安全风险的精准预测、智能分析和超前预警。

（三）增强产业安全事故的应急处置能力

完备且强大的应急处置能力是企业在发生安全事故后快速恢复常态的关键，更是企业以数字化转型保障安全生产的最后防线。应围绕各类产业安全事故，建设案例库、应急演练情景库、应急处置预案库、应急处置专家库、应急救援队伍库和应急救援物资库，基于工业互联网平台开展产业安全风险仿真、应急演练和隐患排查，推动应急处置从事后应对向事前预防转变、从单点行动向全局协同升级，提升应急处置的科学性、精准性和快速响应能力。

三、强化数字化绿色化协同发展，支撑"双碳"战略实施

（一）打造多能互补的低碳能源供给方案

能源管理优化通过汇集能源供给端和消费端数据，利用数字平台实现能源消耗的实时监测、节能空间的有效识别和清洁能源的优化配置，从而提升工业整体能源利用效率。应支持企业建立能源管理平台，综合运用智能传感、设备接入等多种技术，高效采集主要用能设备、环节、车间、厂房的能耗数据，并基于能源管理平台能效优化模型动态完善用能策略。同时，鼓励企业基于能源管理平台打通电、热、气等多种能源子系统，整合水电、风电、光伏、储能等多种分布式能源，针对各类能源的运行特点及负荷变化情况实现多能互补。

（二）构建精细化的碳资产管理机制

碳资产管理优化利用数字平台实时监测全量碳数据，摸清工业碳资产"家底"，实现碳核算科学化、碳溯源精准化以及碳交易智能化。应引导企业实时监测化石燃料燃烧、生产制造过程、供电供暖、生产运输等全量碳数据，

精准绘制重点产业产品"碳足迹"。同时，鼓励不同企业共享碳数据，实现碳排放的分析、预测、预警和优化，支撑不同企业间共享碳排放的精准核算数据以及碳资产的分配和管理数据，为碳交易的智能决策提供辅助，推动碳现货、碳期货、碳期权、碳保险等一批优质碳金融产品的发展。

（三）提升重点资源循环利用率

资源综合利用优化通过加速废旧资源流转，可以有效提高资源利用效率，降低新增的碳排放。应引导企业推动各类重点资源上云上平台，打通资源利用的上下游各环节，精准支撑重点资源二次利用，实现资源全生命周期绿色化管理。同时，支持企业应用人工智能、大数据等技术，基于数字平台支撑物资的标准化设计、生产和运输，实现循环物资的供需精准匹配，有效提高物资循环利用率。

第十五章
实施以常态化监管、整体智治为原则的新治理模式

CHAPTER 15

规范健康可持续发展既是现实需求，也是责任使然，既要"科学监管"，更要"积极发展"。因此，监管部门不仅需要创新数字化治理方式，丰富数字化治理工具，还需理顺机制，加强跨部门协作，从而为产业营造一个良好的发展环境。

一、创新数字化治理方式，营造常态化监管的发展环境

（一）以常态化监管为导向，形成正向治理

常态化监管旨在赋予监管措施以确定性，降低企业的合规成本。在新型工业化发展过程中，监管部门要提升对经济主体的常态化监管水平，在法治框架下以持续性的常态化监管为主，同时保留专项监管的使用空间，进一步完善平台经济常态化监管规则，构建多元共治体系，降低监管成本。应强化各监管部门间的协同合作，提高监管效率，以高水平的常态化监管促进平台经济高质量发展。

（二）以底线监管为导向，促进安全治理

党的二十大报告明确指出，我们必须增强忧患意识，坚持底线思维，做到居安思危、未雨绸缪，准备经受风高浪急甚至惊涛骇浪的重大考验。坚持底线、坚守底线，是绝对的、无条件的、不可动摇的。在新型工业化发展过程中，涉及的技术、法律、经济、国家安全等因素都需要我们统筹考虑。应针对数字税收征管、反不正当竞争、数据自由流动、公民隐私信息保护、知识产权保护等数字治理重点问题，开展重点研究，形成一系列高价值研究成果，为进一步制定相关政策提供依据。同时，形成包括供应链安全、信息安全、总体经济安全等在内的安全制度体系，为新型工业化发展保驾护航。

（三）以互利共赢为导向，参与和引导全球治理

全球数字发展应以互利合作共赢为基本精神，以尊重数字主权、不危害国家安全、促进共同利益为原则，维护发展利益、捍卫数字权益、增进发展合作。在新型工业化发展过程中，我国要秉持多边主义原则，在共建、共治、共享全球数字治理体系过程中，充分发挥数据要素赋能作用，推动全球创新和经济增长。同时，我国应加强与全球各国在数字技术、标准、规则等方面的沟通对接，明确各类数据治理主体的责任和行为边界，维护各国在数字领域的主权、安全、发展利益，特别是要维护好发展中国家的权益，加快消除数字鸿沟。

二、丰富数字化治理工具，驱动治理效能提升

（一）强化大数据工具应用

充分依托互联网技术和信息化手段，建立大数据辅助分析系统、大数据管理系统、数据决策系统和数据服务系统，推进数字化治理体系重构、变革与升级，大幅提升数字化治理能力。利用大数据技术做好数据智能化处理，不仅能够助力挖掘多维多源数据，深度学习和挖掘数据的内在特征，增强数据可视化、可理解和可操作性，还能实时获取行业企业运行数据，加强对行业企业的动态管理。此外，通过构建数据联通、系统联动的数字化监管系统，建设统一的各类信息服务数据库，鼓励企业主体借助大数据技术优化内部管理流程、提升精细化管理水平、应对市场风险、预测市场走向等，持续提高监管效能。

（二）深化区块链工具应用

区块链技术整合了对等互联网络、密码学、共识算法等多种技术创新，

相较于传统网络技术，具有更多新颖特性，有助于攻克数据治理中的固有难题。运用区块链跨链互信机制，加强司法存证权威性，能够实现电子案卷数据全流程流转留痕。利用区块链技术赋能银行业风险控制和穿透式监管，提供可信供应链金融服务，能够提升中小企业授信融资效率。此外，区块链技术以其去中心化特点和全球化应用，能够实现国际市场贸易经营的全过程监管。

（三）拓展人工智能工具应用

人工智能具备深度学习、群智开放、人机协同、自主操控、跨界融合等特点，正在对产业治理产生重大而深远的影响。深化人工智能技术在互联网平台监管执法中的应用，能够增强网络交易监管平台的监测预警和风险防控能力，提升监管的精准性、及时性和有效性。要加强人工智能同社会治理的结合，开发适用于政府服务和决策的人工智能系统，加强政务信息资源整合和公共需求精准预测，推进智慧城市建设，促进人工智能在公共安全领域的深度应用，加强生态领域人工智能运用，运用人工智能提高公共服务和社会治理水平。

三、加强跨部门协作，以数据驱动决策协同

（一）加强政务数据治理

政务数据作为国家战略性资源，对产业发展具有深刻影响。然而，在政务数据治理过程中存在着开放共享水平不高等问题。为此，政府需要建立科学的治理机制和体系，强化数据治理能力建设。通过技术创新，持续优化流程，推动标准制订和标准统一，不断提高数据的结构化、关联性和一致性水平。围绕个人大数据、大数据交易等重点领域，加快制定相关法律法规，构建起国家安全、市场安全和个人隐私安全的法律法规和制度屏障。同时，加强对政务大数据开放与利用过程中的数据垄断、信息安全风险等问题的有效

审查和监管，制订有针对性的风险防范策略。

（二）建立重点行业和区域运行指数

在产业治理中，由于缺乏一套科学的量化评估体系，导致难以准确监测获取产业发展效益、质量和速度，这在一定程度上降低了治理效率。通过整合和加工分散的多维数据，形成运行指数，可以作为资源配置的重要参考依据。基于企业级工业互联网平台等载体，分行业统计企业经营数据，并综合考虑经济效益、社会效益等指标，加工形成重点行业运行指数，以量化数据实时反映重点行业运行情况，有助于对行业发展薄弱环节进行精准补强。同时，以地方政府统计数据和企业实时上报数据为基础，加工形成重点区域运行指数，可综合反映区域经济的发展情况，建立"数据采集—形势研判—精准施策"的智慧治理闭环。通过这种闭环机制，有效破除不同管理部门之间的信息壁垒，疏通阻碍区域经济发展壮大的堵点和难点问题，进而充分激发区域经济发展潜力和创新活力。

（三）构建系统完备、科学规范、运行有效的整体智治体系

整体智治是公共治理创新与信息技术革命的互动融合，是提高公共治理有效性的重要路径选择。在新型工业化发展过程中，推行整体智治就是要制订清晰的战略、路径和策略，以充分释放政府治理效能。同时，需要构建跨部门协作机制，推进开展整体智治。具体来讲，就是要梳理各部门产业治理业务流程，明确各部门的痛点、难点、堵点问题，加快业务流程线上迁移和集成优化。应鼓励各部门开放业务平台数据接口，打破数据壁垒，共享关键业务数据，打造共治共享的产业治理格局。同时，面向各部门治理场景，深度整合业务条线，打通创新链、产业链、人才链、资金链，实现产业运行监测和政策效果评估的联动共享，提高产业治理多部门协作水平。

CHAPTER 16

第十六章
原材料行业：以智能化、低碳化为主导的路径原材料行业包括钢铁、煤炭、石油、有色金属等多元化产业，不仅是实体经济的稳固基石，支撑着国民经济快速发展，更是产业基础再造的主力军和工业绿色发展的主战场①。原材料行业具有产业链关联性强、能耗高、污染重等典型行业特征。当前，原材料企业在传统的原材料生产、供应链管理和销售等环节应用数字技术和创新解决方案，实现业务流程的自动化、信息的实时化和数据的智能化。推动原材料行业数字化转型要以智能化、低碳化为主导，进而实现绿色低碳可持续性发展。

一、发展趋势

（一）设备管理由传统维护向智能维护转变

原材料企业通常部署有众多高价值设备，这些设备的可靠性和稳定性直接关系到企业的生产效率和经济效益。然而，由于这些设备往往需要在高温、高压、高腐蚀等恶劣环境下运行，设备故障的发生率较高。传统的设备管理与维护方式，如事后维护或者基于主观经验判断和固定失效周期的定期维护，难以准确识别并维修设备故障，容易引发产线停滞和威胁生产安全等。此外，定期维护还可能出现过度维护或者维护不足的问题，导致维护成本的浪费或者设备故障的频繁发生，难以满足现代生产的需求。随着智能传感器和通信技术的快速发展，在设备上安装各类智能传感器可以实时监测设备的温度、压力、流量等工况数据，并上传到云端进行存储和分析。通过数据分析和机器学习等技术的应用，可以建立设备故障的预测模型，并预测出设备的故障概率和故障时间，从而制订最佳的维护策略。这种预测性维护方式实现了设备故障的自感知、自分析和自决策，有效降低了维护成本，提高了设备的可靠性，确保了生产的顺利运转。

---

① 夏小禾. 工信部：从六方面着手加快促进原材料工业高质量发展[J]. 今日制造与升级，2022,(03): 12.

（二）生产工艺由黑箱式向透明化转变

原材料行业作为一个典型的长流程行业，其生产环节众多且生产工艺复杂，对工艺知识的依赖程度很高[1]。在过去，传统原材料企业的设备维护、经营管理等环节往往依赖于人工经验。工人的技术水平参差不齐，产品质量也存在较大波动。但随着信息技术在原材料行业的广泛应用和数字化转型的推进，原材料企业通过采集、整合和分析大量的生产数据，可以更加精准地识别出生产中的问题，并及时进行调整和优化。同时，工人结合专业知识和经验，可以将隐性的生产经验挖掘、提炼，封装成显性化的软件模型，并将关键的工艺知识进行固化和传承，使生产流程不再受限于个别人员。这种方式既可以更有效指导实际生产，提高生产效率和安全水平，又可以提高生产的稳定性和可靠性。此外，透明化的生产工艺还可以为企业提供更好的决策依据。通过对生产数据的深入分析和模型仿真，企业可以更精确地制订生产计划、进行资源调配，进而提高企业的决策效率和准确性，降低运营风险，增强竞争优势。

（三）供应链体系由局部协同向全局协同转变

库存管理一直是原材料行业的一大痛点，其主要原因是行业对上下游产业信息的掌握不足，同时下游产业的个性化需求日益增长，这些使科学高效的采销决策变得更为复杂。在传统的供应链模式下，原材料行业的供应链主要依赖契约合同来维护，信息孤岛现象明显，物料信息难以在供应链各环节自由流动。这不仅大大增加了企业运营成本，也对企业的生产效率和盈利能力产生了负面影响。随着全球经济环境、贸易格局、产业结构的不断变化，供应链全链协同的重要性越发凸显。为了应对这些变化，原材料企业开始将

---

[1] 方怡凝，张小丽，于平，等. 浅述工业互联网平台赋能钢铁行业实现智能化发展[J]. 新型工业化，2023, 13(04): 69-76.

ERP、SCM 等信息系统集成到供应链管理中，以打破各环节的信息壁垒，建立上下游信息流通渠道。通过这种方式，企业可以及时了解上下游产业的需求和供给情况，并根据产品需求、原料供给和产能配置，灵活调整生产计划，提高产能利用率，减少库存积压，保障订单的稳定履行。此外，原材料企业可利用大数据分析市场需求的变化趋势，通过预测未来的市场需求，提前调整生产计划和库存水平，从而避免发生库存积压和订单无法兑现的现象。

（四）环保管理由粗放型向清洁型转变

作为我国制造业基础的原材料行业，因其高耗能、高污染、高排放的特征，成为环境保护的关注焦点。在过去的发展阶段中，由于过度强调产量，很多原材料企业更加关注生产规模的扩张，而忽视了环境保护和生态可持续性，给环境带来了严重的负面影响。随着国家环境污染治理力度的加大，原材料行业面临的环保成本急剧攀升，传统的发展模式已难以为继。因此，转变发展理念，提高环保管理水平，加快由以前单纯追求产量扩张的粗放型生产方式向追求优质低碳的清洁型生产方式转变，已成为行业的迫切需求。得益于物联网、大数据、区块链、人工智能等数字技术，原材料企业可以实时采集、监测、分析各生产环节的能耗和排污情况，实现对生产过程的全面监控和管控。同时，企业可以基于数字技术，优化生产工艺和设备运行参数，集中资源对重点环节进行工艺优化或设备升级，进而提高生产效率和质量，降低能源消耗和污染物排放，提高企业清洁型发展水平。此外，原材料企业通过对大量历史数据的深度挖掘、学习和分析，可以找出生产过程中的能耗和排污规律，从而提出优化生产流程、降低能耗和排污的策略建议。

二、典型场景

（一）关键设备全生命周期管理

原材料企业通过实时采集设备工作温度、应力分布等状态数据，并做可视化处理，能够有效提升设备状态监测的可靠性；通过将设备的历史数据与先进的故障诊断模型相结合，能够精准预测和诊断设备可能发生的故障，从而提出针对性的维护建议和措施，避免设备故障引发的生产停滞和潜在安全隐患[1]。同时，原材料企业可对设备故障位置和重要性进行仿真模拟，并选出可靠的维护方案，保障企业正常生产。

案例　马钢股份基于互联技术的设备远程监测和预测维护

痛点问题：钢铁行业的设备具有数量众多、体积巨大、结构复杂等特点，且经常需要在高温、高湿、高粉尘等恶劣环境下长时间运行，这对设备性能提出了极高的要求，使设备管理成为一项艰巨的任务。传统上，设备维护主要依赖人工巡检和定期维修，但这种方式存在明显的不足。人工巡检难以覆盖所有设备，且容易遗漏细微的故障信号；定期维修则往往过于机械，无法根据设备的实际状况进行灵活调整。因此，传统的设备维护方式已难以满足现代钢铁生产的需求。

实施方案：马鞍山钢铁股份有限公司（简称马钢股份）在设备管理方面的解决方案巧妙地融合了现代科技与传统管理经验，通过精心优化检修管理和强化技术手段，推进设备的"智慧管理"，提高设备管理的效能。这一创新举措不仅为炼铁的智能制造提供了强大的动力，也为企业的高质量发展注入了新的活力。

------

[1] 苍志智，沈彤，王文财，等. 基于工业互联网的水泥设备故障诊断系统设计[J]. 智能制造, 2023, (04): 29-35.

马钢股份成功构建了一套完备的设备信息管理系统（见图16-1），该系统能够实时采集、整合和共享设备数据，使管理人员能够随时掌握设备的运行状态和维修情况。该系统对关键数据进行精准收集与汇聚，并依据统一的数据管理标准对接入的数据进行高效治理，从而构建了完善的产线数据资产目录。系统可在线实时获取过程控制工艺特性的测量值，并运用先进的识别模型准确识别"监控窗口"内数据流的工艺模式类别。一旦发现异常模式，系统会迅速采用参数估计模型对异常模式参数进行精确估计。同时，系统还能将过程异常类别及参数估计值与专家诊断知识库中的规则进行智能匹配，迅速查找并确定异常原因。

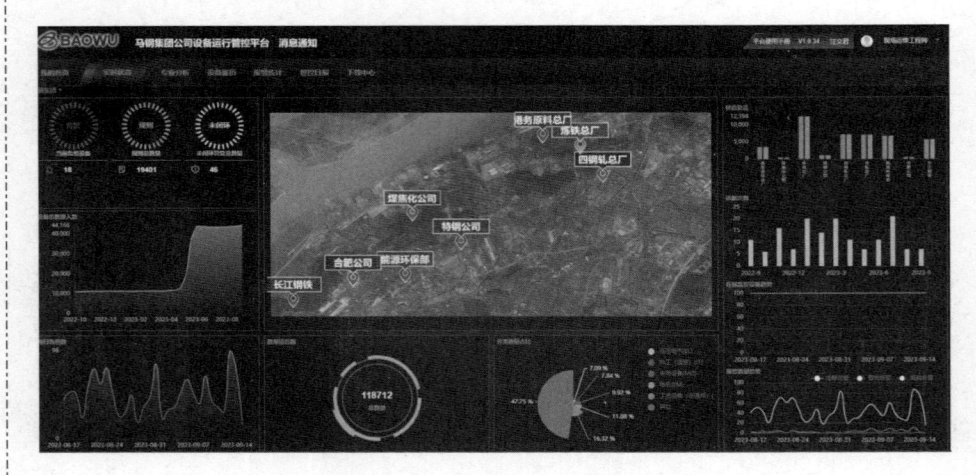

图16-1 设备信息管理系统

数据来源：赛迪智库整理，2023.12

此外，马钢股份还通过收集和存储产线设备运行数据，以直观的图形化方式展示设备的参数信息、状态信息和报警信息。系统对动态信号进行精确计算处理，构建出详尽的信号特征图谱，并以易于理解的形式展示与预期结果的对比。基于规则的故障识别技术，系统能够迅速给出准确的判断结果，从而实现对设备工艺精度的有效评价。

值得一提的是，马钢股份成功打通了设备智能运维平台与设备管理信息系统（EQMS）之间的功能衔接和数据共享通道。设备智能运维平台能够实时向 EQMS 推送设备报警及诊断结果，并获取设备异常情况处理、故障诊断评价等关键信息，从而确保整个设备管理体系的高效运行。这种双系统协同作业的模式不仅有效降低了定量点检任务量，还显著降低了产线设备的故障风险。

应用成效：马钢股份大力推进设备上平台和远程化运维工作，加快了设备智能运维发展步伐。自建立设备多体系数据互联互通以来，设备状态得到有效改善，设备故障同比大幅下降。2023 年，远程化指数达到 58%，设备上平台指数达到 103%，均位列中国宝武钢铁集团有限公司第一方阵。2023 年，设备故障停机率突破 1‰历史大关，主重作业线非计划停机时间和设备故障停机率分别比目标值下降 21.3%和 24.4%，实现了设备故障的快速定位、快速传递、快速应急、快速协同、快速处置、快速定性。

（二）知识驱动的智能化生产

原材料企业利用数字孪生、人工智能等先进技术，对生产流程和工艺配方进行全方位、超逼真的模拟仿真，以寻找产品的最佳生产工艺方案。企业将涉及生产工艺、生产过程管控、产品质量管理等领域的专业知识和工业经验等技术要素封装化并显性化，转化为可调用的机理模型[1]；结合采集的设备、环境、材料等参数，确定最优加工计划，实现智能化生产，提高生产效率。

案例　镇海炼化基于工业互联网实现生产全过程优化

痛点问题：随着全球经济发展的不断变化和市场竞争的加剧，为适应国际原油市场价格的快速大幅波动，石化企业需要灵活地调整生产计

---

[1] 赵宏博，刘伟，李永杰，等. 基于炼铁大数据智能互联平台推动传统工业转型升级[J]. 大数据，2017, 3 (06): 15-26.

划和工艺参数。同时,新能源汽车产业加速增长,单纯的石化燃料产品消耗日渐下降,石化企业面临"双碳"目标和产能过剩的双重压力。此外,石化企业工艺流程复杂,生产优化涉及到多个环节、多种装置和设备。为此,中国石油化工股份有限公司镇海炼化分公司(简称镇海炼化)积极开展数字化转型和智能化创新,探索如何实现高效生产。

实施方案:镇海炼化采用分布式部署的云技术架构,建设企业工业互联网平台,借助边缘云的数据采集、服务共享等能力,部署企业本地应用系统,满足业务快速响应的要求。基于云边协同体系构建的镇海炼化工业互联网平台,在边缘侧对业务数据进行实时处理、智能运算,在云端进行数据的二轮处理、深入分析和对算法模型的升级迭代,进而实现全局优化、统筹调度。镇海炼化工业互联网平台主要特点体现在以下几个方面。

(1)优化以"分子炼油"为核心的炼化一体化生产计划,助力镇海基地效益最大化。镇海炼化以"分子炼油"为核心思想,建立了镇海基地炼化一体化全流程优化模型,确定了最佳加工路线,"宜油则油、宜芳则芳、宜烯则烯",优化组分流向,合理安排年、季、月产销计划,让每一分子价值最大化。

(2)通过调度指令和物料移动自动化管理,促进"一平稳五优化"。镇海炼化以动态优化生产运行、效益最大化为目标,将公司的月度计划安排通过业务模型转化为调度指令,并随之被分解为具体作业任务。利用数字化技术,将调度指令与操作作业结果的物料移动数据进行关联和实时同步,形成公司指令下达与基层操作作业完成情况的闭环。

(3)以增加装置效益为核心的操作优化推进装置最佳运行。镇海炼化利用实时在线优化系统,通过机理模型找出当前市场下最优的生产方案;利用先进控制系统使装置实时处于最优工况运行;通过高频报警分析等工具,优化装置操作报警管理,实现生产装置实时最优运行。

(4)以全过程质量管控为核心优化产品质量,实现镇海基地智慧质量管控。基于LIMS和QMS系统,镇海炼化利用现有各系统的大数据,并结合管理经验，制订了关键控制点关键指标的判异规则，以提前发现问题、提前采取预防措施，确保产品质量的全面提升。此外，该公司还构建了全过程质量管理智能看板，实时监控产品从原料、生产过程、分析检验、储运出厂的全过程，实现对质量管理相关信息的自动采集和集中监控，提高了公司质管人员的过程质量管控能力。目前，该公司共计绘制了33张产品监控看板，涵盖了公司所有出厂产品。

应用成效：镇海炼化采用工业互联网平台极大地提高了公司生产全流程的实时管控能力，降低了公司的生产成本，进一步增强了公司发展的后劲，提高了公司对市场的把握和适应能力。2022年，公司加工原油2300万吨、生产乙烯206.95万吨、实现营业收入1548.02亿元，均刷新历史纪录；在市场环境普遍疲软的形势下，上缴税金262.41亿元、实现利润11.73亿元，盈利能力继续领跑同类型炼化一体化企业。

（三）全要素供应链协同

原材料企业可以利用工业互联网平台广泛汇聚产业链中的物料信息和产能信息，与上下游企业建立互通互联的数据通道，实时动态监测上游原材料供给情况，为原材料采购决策提供有力支持，从而满足零库存运营要求[①]。同时，企业通过收集并整理下游企业订单和产品定制信息，制订科学的生产计划，可实现对产品进行个性化加工和精准化配送。基于信息技术应用，企业可以系统整理订单信息和其他企业的基础数据，实现产品性能要求和生产工艺水平的动态匹配；通过订单共享实现产能共享，提高原材料行业产能利用率，进一步加强供应链的协同合作。

案例　万华化学数智采购平台

痛点问题：万华化学集团股份有限公司（简称万华化学）致力于发

---

① 张杰，余波. 基于工业互联网的供应链协同管控平台构建[J]. 电信工程技术与标准化，2017, 30 (06): 20-23.

展成为具有全球竞争力的化工新材料企业。随着公司战略以及采购业务的发展，现有的供应商管理系统已无法满足业务模式创新的要求。供应商管理系统目前存在以下痛点：在供应商准入方面，无全程的线上管理流程；对供应商无风险管控和绩效管理；供应商和采购员协同需跨平台操作且存在大量线下沟通工作，采购过程中的风险无法通过系统管控；采购业务全流程缺少关联关系，无法应用采购数据进行辅助决策。

实施方案：万华化学打造了万华化学数智采购平台，在不断迭代和发展中形成了供应商—采购协同交互体系，即以供应商管理为基础、采购方案为纽带，从采购管理到采购业务交易管理，打造多种解决方案，支撑多场景业务需求。

万华化学数智采购平台采用多种全新的解决方案，产生多种新的业务模式，进而实现业务自动化、协同数字化、过程可视化和决策智能化。万华化学数智采购平台的重点应用场景有如下几种。

（1）供应商管理方面。万华化学数智采购平台通过打通第三方数据库，在供应商准入过程中，自动获取供应商的资质信息和财务信息，缩短供应商的注册准入流程；扩大业务寻源范围，在最短的时间内通过AI工具在市场上依据物料名称筛选出可供货的供应商，并基于多维度对查询到的供应商进行排名展示，便于采购方对最优供应商进行选择；优化准入、变更、解冻流程，简化业务操作；将对供应商的考察流程线上化，基于考察人员在现场实时打分的结果，自动确定供应商是否合格，并进行线上存档。此外，万华化学数智采购平台通过建立供应商风险管控大模型，对供应商的交易风险及关联关系进行实时查询，可在业务环节提示风险信息，帮助采购方及时止损；在采购方案审批和询比价阶段提示关联到的供应商关联关系，预防关联风险，管控采购业务执行阶段的风险；对后续的到货及时率、质量、安全、协作问题及时反馈，并与供应商建立协同交互机制，便于及时整改，体现供应商服务水平；通过绩效评估发现供应商短板，推动供应商持续改善。

（2）平台化方面。万华化学数智采购平台实现了从需求处理到付款的全业务流程覆盖，使采购员和供应商在统一平台操作，提高采购和供应商的作业效率；明确内外部各角色定义，自动按业务流进行业务衔接，提高业务协同效率；实现采购订单与对应的采购方案、框架合同、定价策略、比价单、招标结果、合同等关联数据的强校验管控，最大限度减少人为干预；横向拉通外围系统关键业务数据（采购申请、合同状态、收发货数据、质量数据、发票、付款信息等），实现从采购订单维度进行全链路过程跟踪。

（3）采购方案管控方面。万华化学数智采购平台将采购业务管理流程前置，以采购方案为管理起点，利用系统自动稽核有效期与采购金额，智能识别供应商与采购方式，严格管控业务执行一致性，推动审批决策质量和效率双提高。

（4）订单自动化方面。万华化学数智采购平台基于 RPA 抓取技术，将网站上的价格数据抓取到市场价采集器，与物料和框架相匹配；基于采购方案的前端管控，实现订单自动创建，并可对异常价格信息预警，提高下单效率和准确性。

（5）生产进度可视可溯方面。为了解决目前供应链上下游防伪溯源系统中存在的中心化易篡改、存储信息不全面以及上下游信息私密性等问题，万华化学数智采购平台构建了基于区块链的防伪溯源系统，具备进度、质量、协同三大功能模块，实现了管控流程线上化、进度质量可视化、数据分析智慧化等。

应用成效：万华化学通过统筹规划建设万华化学数智采购平台，有效避免了资源重复投入，创造了更高的管理效益。采购平台通过专业化分工以及先进信息技术的应用，发挥规模效应，有效降低业务处理成本。与 2023 年同期相比，2024 年 5 月，采购成本降低 12%，采购效率提升 80%，集中采购率大于 98%，节约预算超 10%。

（四）绿色低碳发展

能源管控中心可以实现能源生产、能源消耗和污染物排放等数据的自动实时采集和集中监视，并基于数据进行能源智能管理、能源供需平衡、能源预测优化，生成高效的能源利用方案，降低能耗成本和环保成本。同时，能源管控中心还可通过在各工艺设备的排污口安装各类智能监测传感器，实时采集设备排污数据。通过综合分析这些数据，企业能够深入了解生产过程中有毒有害物质的排放情况，从而准确识别出污染严重的环节，并据此制订工艺优化和设备升级方案，减少对生态环境的污染和破坏，实现清洁低碳的绿色化生产。

案例　天瑞信科打造水泥行业能源双碳数智化管理平台

痛点问题：水泥行业作为"双高"行业之一，碳排放总量达到14.66亿吨，占全国碳排放总量的14.3%，碳资产管理迫在眉睫。但对于企业来说，碳资产管理是一项全新的课题，不仅需要制订完善的管理体系和管理制度，更需要借助高效的管理工具对管理目标以及绩效目标进行动态的分析评价，辅助管理体系和管理制度的执行和调整。目前，企业碳资产管理存在以下问题。

（1）数据采集不全。企业对物联网技术没有进行深度的应用，企业内数据采集不全且不能实时传输，管理人员不能实时动态监测企业数据并进行实时管理。

（2）存在数据壁垒。企业信息存在数据壁垒，未能实现数据融合，不能为管理人员进行管理提供数据支撑。

（3）能源调度自动化水平低。企业能源自动化控制水平低，不能在"源、网、荷、储、用"等能源环节实现一体化管控，无法实现多能源综合管控调度。

（4）"碳家底"不明。碳排放核算标准众多，企业不能选择适合自身的碳排放标准、不能准确识别自身碳排放源。

实施方案：天瑞集团信息科技有限公司（简称天瑞信科）依托于5G、工业物联网、云计算、大数据、区块链等技术自主研发的能源碳管家平台，实现了数据采集、整理、分析的智能化运行，是一款汇集能源数据、碳排放数据，服务于"双高"行业企业的数字化碳资产管理工具。如图16-2所示，能源碳管家平台按照能力开放、分层设计的原则进行架构规划，具备智能感知、智能边缘、智能物联和智慧应用四大核心功能。

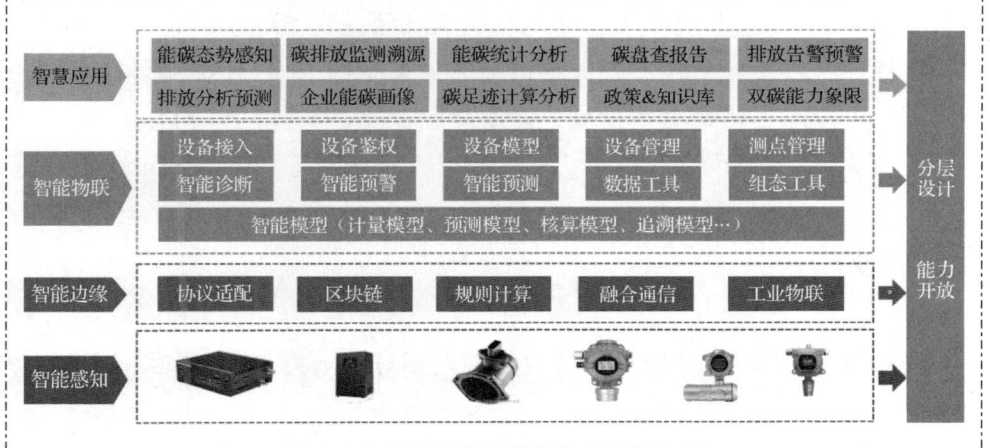

图 16-2　能源碳管家平台产品架构图

数据来源：赛迪智库整理，2023.12

能源碳管家平台的具体应用场景有如下几种。

（1）企业能源管理场景。连通企业内部能源、财务数据，测算能源费用以及各个工艺段的能源消耗情况，帮助企业进行节能降耗管理。

（2）企业碳资产管理场景。运用实测法实时动态监测企业碳排放，同时结合核算法，帮助企业确定核算边界、识别排放源、选择核算方式、摸清"碳家底"，管理碳排放数据。

（3）企业碳评价管理场景。从单位产值碳排放和单位产量碳排放两个维度对企业碳排放强度进行评价,帮助企业找准目标、厘清差距。

(4)企业节能降碳分析场景。通过对企业碳排放总量和企业碳排放构成进行分析,帮助企业找到降碳着力点,为节能降碳提供数据支撑。

(5)企业能碳账户管理场景。构建企业能碳账户,对企业能碳进行评价,清晰了解企业碳资产收入、支出情况。

应用成效:能源碳管家平台帮助天瑞集团郑州水泥有限公司降低生产煤耗1.93%,每年可节约标煤4300吨,减少二氧化碳排放1.07万吨;降低生产电耗1.52%,每年可节约用电259万kW·h,减少二氧化碳排放2582吨;提高熟料质量,游离钙标准偏差降低15%,综合测算熟料强度提高1.2MPa;稳定生产过程,减少过程关键变量波动约23%。

三、行业路径

在新技术引擎方面,原材料行业应探索和应用新技术,以提高生产效率、产品质量和供应链管理水平。基于物联网技术打通业务环节间数据链接,构建实时、透明的原材料采、运、产、控等数据链条,实现生产全流程智能化运行。通过"机器视觉+边缘数据+云端分析"实现采煤机、传输带等设备的自动识别、自主判断和自动运行,对易故障设备进行自动巡检,帮助维修人员及时调整设备状态。依托工业互联网平台连接产业链上下游各个环节,实现供应链的透明化和信息化管理,加快商业模式创新。

在新要素体系方面,原材料行业应提升数据流通质量,打造高效边云协同体系。通过部署具备边缘计算能力的智能终端、使用先进的数据管理和质量控制工具,确保从数据源到目标系统整个过程中数据的高流通质量。引入虚拟仿真等先进的数据分析工具和技术,建立高效的数据解析体系,并对采集到的数据进行处理和分析,挖掘出更多有价值的信息。建立大数据共享中心,集成并共享生产、物流、库存等各个环节的数据,实现数据在不同领域、不同环节之间流通，进而激发数据资产活力，并以数据的全局自由流动带动资源配置的全局优化，为企业创造更大的价值。

在新生产方式方面，原材料行业应运用先进的技术和智能系统，实现生产过程的自动化和智能化。通过引入自动化生产设备和机器人，取代传统的人工操作和生产过程，实现生产过程的连续化和智能化，提高生产效率，减少人工干预和错误，提高产品质量和一致性。引入智能调度和优化系统，根据生产任务和生产情况优化资源利用和工艺流程，实现对资源的合理分配和利用，提高设备利用率和生产效率。

在新组织形态方面，原材料行业应注重打造扁平化组织，推动跨部门协作，提高企业的灵活性。通过减少管理层级，使组织更加扁平化，从而缩短决策周期，加快信息传递速度，实现更加灵活和敏捷的运作模式，更好地应对市场波动和需求变化。通过建立跨部门的协作机制，确保原材料的供应、生产计划的执行和产品的及时交付，实现资源的整合和优化利用，提高工作效率和协同效应。

在新产业体系方面，原材料行业应注重产品技术高端化，推动产业结构升级。通过引入数字化技术推进精细化生产，根据市场需求快速调整生产线，实现柔性化生产。通过数据分析和市场研究，实现产品的个性化定制和智能化服务，满足客户的特殊需求和差异化要求，提升产品的附加值和竞争力。通过加大研发投入、引进先进技术和人才等方式，提高技术水平，不断推出诸如高端钢铁、石油化工新材料等具有核心竞争力的高附加值产品，开发新的业务模式和服务模式，推进产业升级和发展，拓展市场空间。

在新发展要求方面，原材料行业应推进数字化节能减排管理，打造绿色低碳发展模式。通过技术改造升级设备，提高设备能效，同时建立能源智能管理系统，实时监测能源消耗情况，及时发现和解决生产过程中的能源浪费问题，有效提高能源利用效率。利用大数据和人工智能技术，对产品的使用和回收利用进行智能管理和优化，完善废旧物资数字化回收网络，推动再生资源规范化、规模化、清洁化利用。通过数字化设计、技术创新和工艺改进，开发出低能耗、低排放的产品，同时提高产品的环保性能和使用效率。

在新治理模式方面，原材料行业应加强数字化手段的应用，助力行业运行透明可控。提高原材料行业生产过程的全链条可视化水平，及时掌握行业运行情况，实现企业生产经营和政府监管治理的协同联动。鼓励原材料行业企业主动对接工信、环保、应急等政府部门，促进各部门间的协同治理，减少产业治理盲区，规范行业发展路线，保障原材料行业发展活力。

CHAPTER
17

第十七章
装备制造行业：以价值链延伸为主导的路径

装备制造行业是为经济各部门进行简单生产和扩大再生产提供装备的各类制造业的总称，是国民经济发展特别是工业发展的基础，是实现新型工业化的根本保证。近年来，我国装备制造行业高速发展，智能制造装备产业规模十年实现 5 倍增长（见图 17-1）。然而，随着全球经济增长放缓、贸易保护主义抬头、地缘政治局势动荡、社会对环境保护的关注度不断提高，倒逼装备制造行业转变传统粗放式发展方式，加快业务改造升级，提高研发设计、设备运维、生产过程、供应管理等环节数字化水平，塑造综合竞争力。

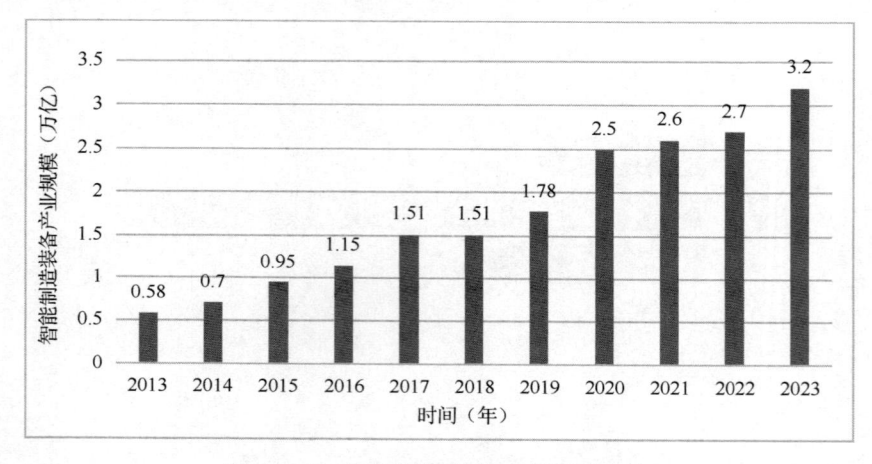

图 17-1　智能制造装备产业规模趋势

数据来源：工业和信息化部

一、发展趋势

（一）研发设计由流程化向敏捷化转变

装备制造行业传统研发主要采用线性研发模式，按照"需求分析—概念设计—详细设计—制造和测试—优化和改进—上市和售后支持"的流程逐级开展，基于序列化和明确分工，保障产品研发工作有序推进。然而，过去几年装备制造业行业研发环境发生巨变，人工智能、物联网、大数据分析和机器学习等新兴技术应用，为装备制造业研发带来了许多创新和增长机会，个性化定制的趋势也对研发环境产生了影响。传统的研发模式难以应对日新月异的产品设计理念和快速升级的研发需求，且用人耗时多、研发周期长、响应用户需求不及时等问题逐渐暴露。对此，装备制造行业探索采用数字化设计和仿真技术，在计算机中创建虚拟模型，并进行各种仿真分析，减少对实际试验和制造原型的需求；创新协同设计方法，加强与供应商、客户和其他利益相关者的交流协作，引入外部资源和创新能力，不断提高研发效率和质量，降低研发成本。

（二）设备运维由计划性向按需化转变

装备制造行业传统设备运维模式主要依赖预防性维护或者故障发生后的修复和维修。其中，预防性维护根据设备的规定维护周期对设备进行定期检修和保养，存在盲目性，常导致不必要的停机和资源浪费，增加了维护成本且效益较低。故障发生后的修复和维修具有扩大损害、加剧危害、提高维修复杂性等问题。伴随着物联网、边缘计算等技术的飞速发展，装备制造行业可以实现关键生产设备之间互联互通，借助传感器获取设备运行数据，并基于云平台实现对设备的实时监测，从而提高故障预警能力和响应速度，创新探索更加柔性化、精准化设备运维方式。对此，装备制造行业开始利用设备在生产过程中的运行状态、故障信息等数据，基于人工智能和机器学习算法构建故障诊断模型来预测设备故障、自动识别异常和潜在问题，并提供相应的解决方案，达到按需维护的理想状态，提高维护效率，减少维护成本。

（三）生产过程由机械化向智能化转变

装备制造行业传统生产过程主要由人工操作机械来完成，具有固定的生产线和工艺流程，缺乏灵活性，难以适应市场需求变化和产品多样化要求。此外，大量手工操作不仅增加了人力成本，还会因为人为因素的干扰影响产品质量及稳定性，难以实现高水平的质量控制。随着全球市场竞争加剧，装备制造企业面临着更高的市场要求和更复杂的产品需求，需要不断提高生产效率、降低成本、缩短交货周期以及提供个性化定制,而工业机器人、自动化控制系统、传感器等技术的快速发展和广泛应用,让装备制造业实现生产过程智能化变得更加可行。对此,装备制造企业纷纷开展生产过程智能化改造升级,构建高度智能化的新型生产体系,通过数据采集、存储、分析与应用来实现对生产过程的优化和智能化控制;采用智能装备来减少或取代人工劳动,降低运营和维护成本,提高生产线的稳定性和可靠性。

(四)供应链管理由经验型向协同化转变

装备制造行业涉及大量零部件和原材料,供应链管理至关重要。传统供应链管理模式通常是基于预测需求和长期合同的方式进行运作,对于供应链信息洞察不足。厂商往往需要储备大量的原材料和成品库存,这增加了资金占用成本和仓储物流的管理负担,且缺乏市场需求快速响应能力。此外,生产计划、物流信息和库存数据在不同环节之间的传递存在延迟,常导致出现生产过剩或缺货现象。随着市场竞争变得更加激烈和复杂,消费者对个性化定制和快速交付的需求不断增加,供应链敏捷性不足的问题倒逼装备制造行业加快供应链数字化管理、推动供应链信息流通。对此,装备制造企业加快构建数字化供应链,加强供应链数据采集和监测,实时获取库存情况、订单状态、生产进度等信息,并基于数据分析准确开展销售预测、需求预测和库存优化,实现不同环节之间的协同和无缝对接,加强供应链可追溯性,从而提高供应链的整体效率和灵活性。

二、典型场景

(一)基于数字模型开展产品系统研发

基于数字模型的产品系统研发创新应用三维设计、数字孪生、工业元宇宙等先进技术,基于工业互联网平台搭建虚拟仿真平台,通过赛博空间和物理空间的映射，将物理模型一比一还原，构建装备产品虚拟模型，用来展示产品实时状态；通过设置不同的运行参数，用线上虚拟空间中多样化工况模拟代替物理试验验证，洞察产品性能，预测产品质量寿命，提高产品研发质量、缩短研发周期；融入虚拟现实和增强现实技术，打造更加直观和沉浸式的装备研发体验。

案例　徐工构建全球统一的数字化研发门户

痛点问题：工程机械产品具有市场快速迭代、客户需求个性化的特点，面临着产品设计、工艺、制造、服务等环节难以高效协同，数据存在断点和差异，研发与工厂、市场存在脱节等难题。如何能够快速形成协同设计，快速设计，以及基于流程、任务和知识工程驱动的数字化、智能化设计能力是当前亟须解决的问题。

实施方案：徐州工程机械集团有限公司（简称徐工）采用三维参数化设计软件开展产品三维建模设计，根据产品结构和数量建立了包括发动机系统、双变系统、驱动桥系统、前车架系统、后车架系统、液压系统、驾驶室系统、电气系统等各大系统以及所属零部件的三维模型。产品虚拟几何样机的建立展现了产品结构的三维协同设计能力，为仿真分析、数字样机的搭建、设计评审、设计与工艺数据集成等提供了基础数据。

同时，徐工运用自上而下、模块化的设计方法，优化产品模块划分，提高模块的通用性；实现对关键结构设计进行三维运动分析与模拟，提高设计的准确性；高效利用研发平台的 CAD 模型库（自制件、标准件、外购件、通用件等），结合 CAE 仿真知识库（规范库、仿真模型库、材料库、案例库等）和测试资源库等，实现快速设计调整、数据重用以及设计派生，提高设计效率和数据质量，建立数字化样机。

应用成效：徐工使用整机布局关键参数及系统骨架模型传递产品参

数化设计信息，实现了不同专业、不同系统之间的产品并行协同设计。

（二）基于大数据分析计算进行设备预测性运维

基于大数据分析计算进行设备预测性运维，主要通过工业互联网平台实时采集关键设备的温度、应力、电流等数据信息，并进行可视化呈现，提高设备状态洞察力，避免机械设备突发故障；构建设备故障诊断模型，结合设备运行日志，预测设备在不同使用条件下出现故障的概率和时间，制订维修方案，远程指导工程师现场执行，降低因人工操作错误产生的返工，有效避免信息传递缺失的问题；建立设备故障备案库，积累设备故障信息，通过大数据分析计算，提出设备设计、生产、应用改善建议，助力打造高可靠、高品质的新一代设备产品。

案例　徐工设备预测性维护解决方案

痛点问题：工程机械设备运行工况多样、工作环境复杂、设备保养普遍不足，发生故障后又难以快速准确定位故障点，导致设备停机，影响工程进度，造成经济损失。

实施方案：徐工通过加装智能传感器、边缘网关、远端测控单元装置等硬件设备实现对设备的连接与集成，以及对设备运行状态的实时采集、监控；运用大数据统计设备关键运行参数、故障率信息，并对故障率较高的设备进行告警频次、告警时长等细分统计，筛选主要故障；以焦点故障为引导，通过集中攻关改善，进行预测性维修，有效降低常见、频发故障；将设备与制造执行系统（MES）设备管理模块集成，实现设备关键运行参数及系统数据异常情况的提前预警，并自动推送设备预警故障信息，自动生成检修工单。

在此基础上，徐工自主设计国内首个设备健康管理系统，通过对电气系统进行温湿度、电压电流检测，对液压、润滑系统进行温度、压力、流量检测，对主轴传动系统进行电流、负载、温度、压力检测等，运用大数据分析，设定正常值、临界值、损坏值等，建立设备健康画像诊断模型，并根据不同级别进行状态提示或预警。在电机、齿轮箱及滑块部件外壳或刚性连接部位加装振动传感器，用以采集高频振动信号，反映设备的机械特征数据；加装电流等传感器，采集设备的电气特性数据；安装刀具检测、补偿系统和主轴动态检测，以构建伺服电机振动失效模型及伺服电机扭矩监测诊断模型。这样的配置能够实现刀具补偿自动优化加工参数，并在不同工作模式下提供异常状态保护。

构建核心备件的早期失效算法模型，提前预警核心备件的潜在失效风险。算法模型部署在边缘计算网关，可针对重要的告警进行"双光预警"，并通过移动应用进行告警推送，以实现基于设备现状的预测性维修。

实施成效：徐工的设备健康管理系统可实现设备健康自检、自我保护，并提前发现设备运行隐患，开展预防性维修。与设备健康管理系统使用前相比，关键设备故障率降低30%，月度故障次数降低80%，经济效益显著。

（三）构建高效协同的智能制造体系

结合 CPS、AR、VR 等技术推动数据源和模型的统一，加快数据有效流通，构建基于工业互联网的异地多厂协同制造体系。整合装备组装厂、零部件生产厂等资源，以信息管理为整个制造网格系统提供行动依据，形成网络化制造系统，提高各部门协同效率。针对不同型号的装备制造需求，制订个性化的组装方案，构建生产工位、生产线及生产车间逻辑模型，实现基于物联网的核心生产要素状态监控及作业状态管控，及时调整生产所需的人员、机器、原料、工艺、环境等配套供给。

> **案例　三一重装打造生产运营管控平台**
>
> 痛点问题：传统装备生产过程存在诸多问题，包括工序复杂、零部件调配不及时、作业进度不透明、信息沟通不畅等，这些问题影响了工厂整体生产效率。
>
> 实施方案：三一重型装备有限公司（简称三一重装）建立以制造运行管理系统（MOM）、仓库管理系统（WMS）、中控系统为核心的生产运营管控平台，实现整个工厂的数字化生产。MOM覆盖生产工艺管理、计划调度管理、生产执行管理、设备管理及综合可视化管理等功能，同时与质量管理信息系统集成，实现过程质量管理和质量追溯管理。WMS覆盖仓储管理，并与立库仓库控制系统集成，实现物料自动配盘和出入库管理，同时与远程控制系统集成应用，实现自动导引运输车（AGV）的自动调度、自动叫料、自动配送。中控系统实现承接MOM下发的生产指令，通过与各自动化设备集成，实现产线的自动化运营和实时管控。
>
> 实施效果：以焊接工艺为例，焊接产线控制系统接收MOM下发的工序计划，自动调度有轨制导小车和焊接机器人完成结构件组对焊接。三一重装自行研发了焊接工艺数据库，使焊接过程可自动进行焊接参数调用，实现了换型调试和焊接作业过程自动化。产线换型时间由行业平均水平的2天减少到6小时，实现了效率的显著提高。

（四）开展供应链整合和一体化管理

开展供应链整合和一体化管理是至关重要的。利用大数据分析和可视化技术，对供应链中各个环节的关键指标和数据进行全面展示和分析，并建立实时报表，有助于洞察供应链运作情况，及时发现问题并采取相应的措施。同时，借助数据分析和人工智能技术，可以实现对市场需求的精准预测，从而实时调整生产计划、优化库存管理以及合理配置人力资源，以减少订单滞销和缺货的风险。通过供应链协同平台和在线协作工具，实现供应商、合作伙伴和客户之间的实时协同和信息共享，建立起供应链伙伴网络，从而提高供应链协同能力和响应速度，实现订单的快速处理和信息的及时传递。

案例　中车唐山机车开展轨道交通装备全供应链协同管理

痛点问题：轨道交通装备涉及的零部件众多，存在供应链信息壁垒，导致仓储、物流、运输等环节衔接不畅。因此，迫切需要贯通供应链上下游信息通道，整合和优化供应链资源及物流业务，并开发全供应链协同管理系统，以实现用户参与的研发协同、制造协同、服务协同。

实施方案：中车唐山机车车辆有限公司（简称中车唐山机车）致力于构建供应链管理平台，以供应链全生命周期管理为切入点，围绕生产计划、线上寻源、物资采购执行、技术管理、物流配送、质量协同等业务核心，实现外购配件的全面质量管理。中车唐山机车通过采购平台化、供应工位化、配送准时化的链条式系统执行和管控，增强对采购供应链的掌控能力，巩固企业在采购供应链中的主导地位，打造出标准化、数字化、敏捷化的采购供应商协同管理平台。

物流运营执行管理系统在物料入库环节借鉴"银行业务排号系统"与点收任务自动分发的管理模式；在物料集配环节，采用二维码对物料进行标识，通过手持终端扫码验证完成物料拣配；在物料出库配送环节，通过RFID射频识别与光电门技术，实现物料的快速出入库记录。运用物料柔性配送小火车，根据生产车间的生产计划需求进行智能编组、纠错检验，并与工位地标码进行识别匹配。在物料库存管理方面，利用手持终端对仓库库存进行实时盘点；利用大数据技术整合生产计划、物料需求、内外部库存、物料存储分类等数据，构建数据模型，实现物料动态管理。

应用成效：以上实施方案提高了物料清点入库作业效率、拣配效率与拣配质量，实现了物料 100%精准配送，统一了物流与信息流，有效提高了库存周转效率。

三、行业路径

在新技术引擎方面，装备制造行业应着力引进先进制造技术，打造智能制造新体验。通过构建智能制造系统，配置机器人、AGV 小车、边缘计算盒等设备，推动生产过程实现高度自动化，从而减少人力需求。广泛运用 3D 打印技术，用于特殊材料的制造和零部件的修复，实现产品的快速成型、个性化定制以及复杂结构的制造，缩短生产周期并降低成本。创新性地融合虚拟现实和增强现实技术，进行设计验证、培训模拟和远程协作，以打造更直观和沉浸式的装备设计和操作体验。

在新要素体系方面，装备制造行业应基于数据驱动资源优化配置，提高全要素生产效率。通过数字化改造生产设备和将业务系统迁移上云，将原本隐形的数据在生产流程中显性化，将分散在各个生产车间的散乱数据汇聚成大数据资源。在设备运维、生产排产、物流运输、销售服务等重点业务环节，构建大数据分析计算、模拟预测、智能决策等模型，利用数据驱动业务流程优化，提高物料、资金、人力等全要素生产效率。

在新生产方式方面，装备制造行业应致力于构建无人化或少人化工厂，实现工厂运转的智能化和高效性。通过运用机器人技术、传感器技术、自动化控制系统等，让机器执行装配、焊接、喷涂等各种复杂的任务，从而减少对人工劳动的依赖，提高生产制造自动化水平和安全性，实现更高的生产效率和产品一致性。此外，无人化工厂还可以实现 24 小时连续生产，突破人力资源限制，提高生产能力。

在新组织形态方面，装备制造行业应构建平台化组织，提高组织灵活性和创新能力。基于数字平台，推动企业组织向扁平化转变，减少组织层级，极大提高信息流转效率。建立项目团队动态调整机制，根据客户要求和项目需求快速变更团队组成，提高组织响应速度和敏捷性，打造积极、富有创造力的敏捷型组织团队。进一步整合企业各部门、供应链企业和合作伙伴，推动数据信息跨企业流通，促进企业之间紧密协作，实现高效协同研发和生产。

在新产业体系方面，装备制造行业应加速向高端化、服务化转型，提高产业综合竞争力。通过加大核心技术研发投入，提高自主创新能力，引入新材料、新工艺、新技术和新装备，不断提升产品的技术含量和价值水平，推动产业向高端化跃升。通过深入洞察市场需求，集成先进数字技术，将智能系统与先进装备进行融合，打造个性化定制产品，满足不同用户的差异化需求。同时，提供高品质售后服务和跟踪咨询，提升产品附加值，推动产业体系向服务市场延伸，拓展盈利新空间。

在新发展要求方面，装备制造行业应加速构建数据驱动的决策体系，以应对供应链复杂性和可持续发展新要求。为应对全球供应链稳定性降低的挑战，装备制造行业应加速建立数字化供应链管理体系，整合跨地区的供应商和合作伙伴，确保物资的及时供应和质量控制。同时，面对更高的环境保护要求和可持续发展压力，企业应基于数据分析优化能源利用和污染物控制，减少能源消耗和废弃物排放，推进绿色制造和循环经济的发展。

在新治理模式方面，装备制造行业应充分利用装备产品智能化基础，打造精准化治理体系。引导企业在各类装备产品中预装智能传感模块，精准掌握装备运行工况、环境参数等数据，为政府探索数字化安全监管、极端情况产能调度等治理场景提供坚实支撑。鼓励企业加强合作，探索关键数据互联互通，建立挖掘机运行指数、基建开工指数等行业"风向标"，支撑政府科学决策、精准施策，提升政府治理效能。

CHAPTER
18

第十八章
消费品行业：以满足个性化需求为
主导的路径

消费品行业包括食品饮料、纺织服装、家电、家居等,是我国传统优势产业和重要民生产业。长期以来,消费品行业是实体经济的基石,在满足消费需求、拉动经济增长、保障改善民生、吸纳社会就业、扩大外贸出口等方面发挥着重要作用。近年来,家电、服装、家具等消费品行业的消费者需求日益个性化、碎片化,这种趋势迫使消费品行业转变传统的大批量规模化生产方式,转向以满足客户个性化需求为主导的路径。为了应对这一趋势,行业积极开展数字化转型,探索以用户为中心的新生产方式,通过采集用户需求数据,并将采集到的数据贯通于产品研发、生产、销售等各个环节,驱动各类生产资源优化配置,实现高质量供给体系和个性化需求体系的动态平衡。

一、发展趋势

(一)研发方式从独立分散向网络协作转变

在工业经济时期,福特的汽车流水线推动各个制造企业建立了统一的生产标准,实现了稳定、连续、大规模生产,为消费者提供了标准化的产品。随着数字经济时代的到来,互联网、大数据、人工智能等新一代信息技术渗透到消费者生活的方方面面,深度变革了消费者决策链路,并显著提高了消费者个性化需求的表达权,致使传统"以销定产"的模式难以维系。面对广大消费者的个性化需求,消费品行业感受到前所未有的压力,迫切需要升级生产方式,以用户需求为核心进行创新。首先需要实现研发方式从独立分散向网络协作的转变。消费品行业企业可以借助在线研发设计平台等数字工具,实现企业产品研发设计部门与生产、销售、服务等部门,以及与供应商、分销商、消费者等各方面的紧密协作。这种协作有助于促进多方产品设计信息的流动和反馈,为企业带来多元化的设计优化思路,使企业更好地捕捉市场趋势和满足消费者需求,缩短研发周期,加速迭代优化,建立更紧密的合作关系来共同应对市场波动,为企业塑造新型工业化先发竞争优势。

（二）生产方式由大规模生产向个性化定制转变

在经济全球化的大趋势下，国际贸易范围不断扩大，消费者的选择范围更加广泛，这使消费者不再满足于单一的标准化产品，而是希望获得更适合自身需求和偏好的个性化产品，这一趋势推动了消费品企业将个性化定制生产作为塑造全球市场竞争优势的重要手段和发展方向。数字技术能够帮助消费品企业大幅提升产品模块化设计、工艺流程标准化管理和生产管理智能化调度等方面的能力，使企业能够以客户的需求为导向，基于标准化零部件产品，合理调度生产资源能力，制订详细生产作业计划，从而实现消费品的大规模个性化生产。消费品企业能利用高级排产、企业资源管理和生产执行系统等信息系统，针对消费者的个性化任务，综合考虑生产成本、作业效率、现有生产资料等因素，实现精准的作业计划制订、生产资源调度、作业现场管理、设备智能管控。以上做法可使消费品企业在全球化市场竞争的环境中，以更高效率、更低成本、更优质量来满足消费者日益提高的个性化消费需求，推动我国消费品向中高端迈进。

（三）经营模式从以生产为中心向以"产品+服务"转变

在传统的以生产为中心的经营模式中，消费品企业主要侧重自身在产品设计、生产、质量管控等环节的能力提升，通过提高产品的附加价值，赢得市场优势，获取利润。然而，随着市场环境的不断变化，消费者需求的多元化和个性化特点日益突出，使消费品企业传统的以产品交付为主的经营理念难以在当前市场环境中保持竞争优势。在数字化、网络化发展的大趋势下，消费品企业利用数字技术整合产业链供应链上下游资源，面向消费者提供产品全周期"保姆式"服务，加速向附加值更高的"产品+服务"的经营模式转变。对此，消费品企业通过供应链管理等数字工具，打通生产、供应和销售端的信息流通渠道，利用物料信息在供应链全链条中的自由流动，带动物料资源自由流通，保障消费品从生产到销售整个过程的通畅运行。这一做法不仅提高了供应链协同水平，还提高了消费品企业对消费者需求的响应速度和交付能力。消费品企业还借助传感器、移动通信、人工智能、边缘计算等技术,实时感知消费者信息,创新消费品智能物流、预测性维护、精准营销等新兴服务场景,变革服务模式,开拓新的盈利增长点。

(四)质量管理从单点提升向全周期优化转变

在传统质量管理模式下,消费品企业主要关注产品质量的符合性,通过设立质量控制部门,采用对产品抽样检验或全检的方式,定位质量缺陷,并指导修正生产工艺,以确保产品质量始终处于合格范围。然而,这种模式存在明显的局限性,即只能在产品质量问题出现后进行修正,对潜在质量问题的识别处理和质量追溯能力不足。这不仅会对医药和食品饮料等行业产生较高不良品成本,还会危及消费者生命健康安全。为了克服这些局限性,消费品企业需要确保消费品原料、生产、物流、销售等全生命周期的质量可视、可控、可追溯,更好地保障消费品质量稳定性,保障消费者的生命健康安全,提升我国消费品行业信誉。对此,消费品企业可以应用数字化质量管理工具和技术,建立完善的质量管理和质量信息追溯体系,推动检验测试设备联网,提高质量检验的准确性,提高产业链供应链各环节质量数据共享与开发利用水平,强化消费品全生命周期质量协同管控,不断提升消费品供给质量,让消费者放心消费。

二、典型场景

(一)建立以用户数据驱动的"一模到底"的研发方式

利用工业互联网平台等数字手段,为消费者参与定制生产提供入口,收集消费者信息,理解和挖掘消费者需求和偏好。利用设计仿真平台 CAD、CAE 等功能模块进行产品建模,并基于产品模型开展结构仿真、功能仿真、力学仿真等工作。同时,加强研发、采购、生产、销售、服务等部门之间的沟通，建立跨场景、跨部门、跨企业的协同平台，实现"一个模型干到底，一个模型管到底"，提高产品从研发到生产过程中的一致性。这些做法不仅确保产品符合消费者需求，而且提高企业的品牌形象，帮助企业在激烈的市场竞争中取得优势。

案例　影儿时尚集团打造基于模型的服装设计模式

痛点问题：随着人们生活水平的提高和服装时尚潮流的不断变化，消费者对服装的品质、款式、价格、服务等方面都提出了更高的要求。同时，拥有先进的设计理念、生产技术和品牌优势的国外服装品牌也在不断进入中国市场，争夺市场份额，给中国的服装企业带来了很大的竞争压力。面对竞争日益激烈的市场环境，影儿时尚集团积极寻求数字手段，提高设计效率，快速响应市场需求，为消费者提供更好的购物体验和更优质的产品服务，从而增强企业的市场竞争力。

实施方案：影儿时尚集团以数字化运营、数字化决策为目标，搭建OMO（Online-Merge-Offline）"可管理流量"和数字化运营平台体系，制订了由数字化基础架构、数字化平台技术、数字化平台应用、数字化业务场景、数字化运营五大部分组成的整体解决方案（如图18-1）。影儿时尚集团从以产品为核心的传统运营方式，转向以消费者为中心的新运营方式，开启了从设计到生产交付、从营销到销售、从运营到服务的全面变革，实现消费者数字化、产品数字化、渠道数字化，提高品牌用户粘性，挖掘创造新客群、新需求、新服务。

影儿时尚集团通过数字资产建设、数字化平台建设、数字化运营三大阶段，建立从数据到业务的闭环。

数字资产建设阶段：影儿时尚集团对业务形态与运营现状进行了深入调研，制订数据采集规范与会员标签体系，洞察用户价值表现和所处生命周期，预测后续购买情况，帮助公司优化营销资源配置，最大化营销效果。

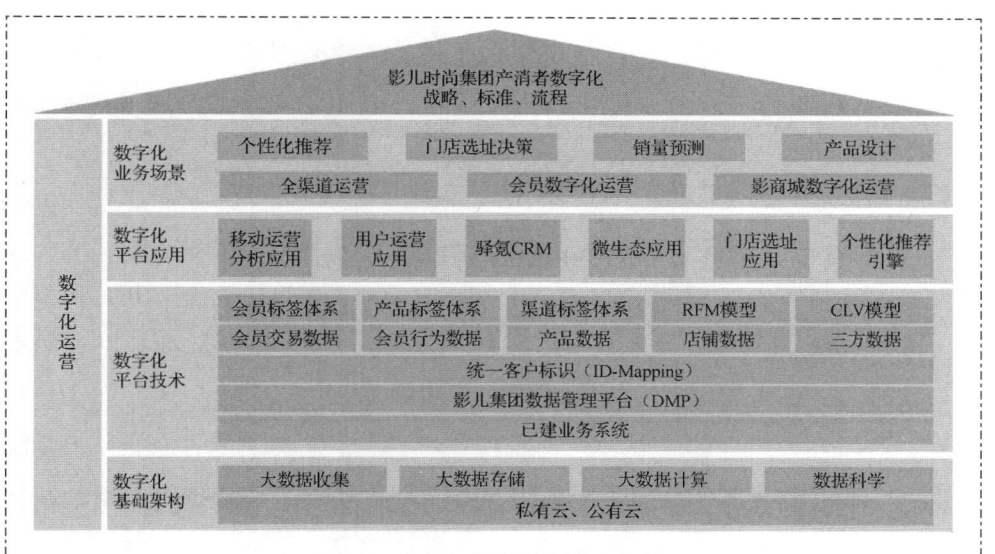

图 18-1 数字化运营平台架构

数据来源：Talking Data, 2019.01

数字化平台建设阶段：通过搭建数据平台、用户运营平台、商城运营分析平台，整合数据为业务需求，并为业务部门和信息技术部门提供专业培训。同时，借助线下收集和积累的数据，量化分析客流趋势与不同门店客群特征，为门店渠道选择提供线索。

数字化运营阶段：基于业务场景和用户画像制订营销活动策略，运用标签体系进行目标人群圈选与精准触达。同时，对活动过程实现全链路数据监测追踪，实时通过数据反馈调整活动，分析活动从曝光到消费的效果转化，进而指导并优化后续活动策略。

应用成效：经过以上三大阶段，影儿时尚集团实现了自身数字化运营能力的稳步提升。影儿时尚集团对用户画像分析发现，客户群中有大量忙于工作的妈妈，同时根据线上的行为特征发现，客户群和某专业洗护品牌具有强关联性。基于此，影儿时尚集团针对性设计了"减轻妈妈家务负担"活动主题，并选择该专业洗护品牌作为合作方。这次活动取得了优异的成绩，单次推动公众号增粉超过 4 万人、新增会员超过 4 千人。影儿时尚集团通过此次活动验证了数据化运营路径的有效性，并通过数字化运营平台、建模能力等赋能体系，打造了基于全渠道会员数据的商业运营能力。

（二）建立以用户需求为中心的全周期交互模式

通过推动生产系统与工业电子商务平台融合应用，协调产业链供应链上下游各环节，以用户需求为中心，驱动产业链生态协同合作，按需优化原料选型、产品设计、工艺流程、参数配置等环节。通过小批量、多品种的定制化生产，满足消费者多样化需求，并与用户建立基于产品全生命周期的深度交互关系，提高用户满意度和忠诚度，打造供需双方协同互动、共创共赢的产业新生态。

案例　海尔打造开放创新与用户参与模式

痛点问题：在当今快速变化的商业环境中，家电企业要想实现持续的创新和成功，需要积极倾听用户的声音，并与用户进行深入的互动和合作。作为中国领先的家电制造商，海尔在创新领域有着卓越的成绩。通过开放创新和用户参与模式，海尔不仅实现了与用户的紧密互动，还与用户共同创造出具有市场竞争力的产品和服务。在此背景下，海尔进一步通过数字化转型，深入探索开放创新与用户参与模式，以期与用户建立更为紧密的合作关系，准确地把握市场需求，提高产品的市场竞争力。

实施方案：海尔积极构建开放的创新平台，吸纳各方的智慧和创新力量，形成创新的共享和交流机制，实现开放创新和用户参与，为自身带来新的创意和解决方案。

用户需求驱动的创新：海尔在产品设计和创新过程中始终以用户需求为导向，通过深入的用户调研和需求洞察，了解用户的实际需求，并将其融入产品设计和创新中。例如，在智能家居领域，海尔通过与用户互动，开发出了一系列智能化、便捷化和个性化的产品，满足了用户对智能家居生活的需求。

用户参与的创新项目：海尔积极鼓励用户参与创新项目，通过开展用户体验研究、用户访谈和用户测试等活动，邀请用户参与产品设计和改进。这种用户参与的模式不仅使产品更贴近用户的实际需求，还提高了产品的用户接受度和市场竞争力。

合作伙伴的协同创新：海尔与内外部的合作伙伴建立了紧密的合作关系，共同推动创新项目的发展和实施。通过与供应商、合作伙伴和创新创业者共享资源和知识，共同解决创新过程中的问题和挑战。这种协同创新模式为海尔带来了多元化的创新思路和专业知识，提高了创新的质量和效率。

开放创新平台的建设：海尔建立了开放的创新平台，吸纳各方的智慧和创新力量。该平台为创新提供了更广阔的空间和机会，也为海尔吸纳更多创新力量、形成新的创意和解决方案提供了更多可能。

创新文化的塑造：海尔注重创新文化的建设，鼓励员工提出新的想法和创新方案。通过组织创新活动、举办创新大赛等方式，激发员工的创造力和潜力。同时，海尔还营造积极向上的创新氛围，使创新成为企业每个员工的责任和使命。

应用成效：海尔通过开放创新与用户参与模式、建立开放的创新平台、重视用户参与和需求洞察、积极与合作伙伴进行协同创新、营造积极向上的创新文化和组织氛围，创造出具有市场竞争力的产品和服务。

（三）构建敏捷化、多元化、柔性化供应网络

利用客户关系管理、供应商关系管理等系统，企业可以打通产业链上下游各环节，实时采集物联网数据、生产操作数据、供应商数据、用户感知数

据和企业经营数据。这些数据的实时流动,实现了企业内部门之间、企业与企业之间、企业与消费者之间的数据互联互通,进而实现生产和库存的动态调整优化,有效降低库存成本。在保障企业正常运转的基础上,实现"进销存"精准管理。同时,这些数据的实时流动还推动全产业链的设计、制造、供应、服务等环节并行组织和协同优化,形成集中采购、协同设计、电商销售、智慧物流等创新服务,全面降低产业链的研发、生产和销售成本。

案例 伊利集团打造仓储运输全程物流管理模式

痛点问题:相较于其他行业,食品行业对供应链配送的及时性、准确性,以及对运输环境的控制、物流信息系统的实时监控等有着更为严格的要求,以确保产品按时、按量、按质送达。对此,伊利集团采用供应链协同管理体系,加强产业链协同,实现信息共享和物流协调,提高运输效率,规范运输操作,并加强食品安全监管,确保产品质量安全。

实施方案:在电商快速发展的背景下,伊利集团结合自身业务发展及渠道布局策略,通过仓储管理系统、运输管理系统、无线射频识别、虚拟化管理和WebWork接口平台,构建了仓储运输全程物流管理平台。该平台融合了云计算、移动、社交、大数据及消费级产品设计技术,覆盖了从2B销售、2B调拨、2B退货等国内物流运输场景,到一般进口业务和跨境购业务在内的国际物流运输场景,为伊利集团打造了一套采购、生产、销售、物流等仓运配一体化供应链物流管理解决方案。

仓储管理系统:通过对仓库库位、作业单元、作业单据和指令的全条码化管理,实现物流、单据流、数据流同步统一,使库存更准确、物品可跟踪。仓储管理系统与运输管理系统无缝整合,可实现订单库存可视化,并可根据运输安排提前备货,缓解仓库压力,提升配送时效;同时可实现根据货位路线顺序推荐拣货路径,显著提高拣配货效率。

运输管理系统:实现端到端协同与供应链可视化。利用移动与社交技术，通过提供移动 App 或微信公众号全程连接货主、承运商、司机与客户，实现多方实时协同，配送全流程透明可视。

智能计费：利用计费引擎，针对复杂的计费需求，为货主、客户、承运商一键生成统一账单，提高计算效率和准确度。

智能计划调度：基于预设规则与约束条件，结合路径优化引擎，自动匹配车源，计划运输路线，为企业节省物流运输费用。

应用成效：依托仓储运输全程物流管理平台，伊利集团规范了作业操作流程，解决批次追溯问题，保障了先进先出周转流通，提升了仓储运输管理水平。通过优化岗位职能，减少了人员编制，降低了人力成本，同时简化了作业环节，提高了仓储运输作业效率。平台采用简易操作设计，降低了人员培训成本，同时显著减少了货物丢失率，并提升了库存管理的准确性。此外，通过与管车宝系统对接，该平台解决了多维度运费的计算问题，这不仅减轻了统计员统计运费和对账的工作量，还提高了运费统计的效率。

（四）创新产品后市场服务体系

消费品企业通过在产品上增加智能模块，将边缘计算、网络通信等技术引入到产品中，广泛采集产品的环境数据、运行数据及用户设置数据，刻画客户肖像。利用大数据分析，企业能够更好地了解用户需求，并以用户为中心提供包括产品智能维护、环境感知、精准营销等在内的高质量的、有温度的个性化服务。这一策略有效延伸价值链条，促使企业由"卖产品"向"卖服务"转型，重塑了消费品行业运营模式。

案例　美的创新数智售后服务模式

痛点问题：售后服务是家电行业企业重要的业务环节之一。然而，传统的售后服务往往存在着服务效率低下、服务质量不稳定等问题，这不仅影响了用户的满意度和忠诚度，还制约了传统家电行业的转型升级与创新发展。随着互联网和移动设备的普及，用户对售后服务的需求也在不断增长。因此，美的需要一种基于数字平台的后市场服务解决方案，以提升售后服务的质量和效率。

实施方案：美的颠覆楼宇建筑智慧服务生态，打造数智化运维标杆平台 iBUILDING Service。该平台为用户提供智慧改造升级服务，通过 IoT 技术将设备数据实时传输到云端服务器，再利用云端服务器对数据进行运算处理，形成动态直观的分析图表，帮助客户进行全方位、数字化、透明化的设备管理。

设备联网：在美的全系产品物联入网的步伐中，iBUILDING Service 特别关注老旧设备系统迭代问题，为客户提供多联机焕新、4G 模块加装等服务，确保在数字化浪潮中，每一台设备、每一个末端都能紧跟时代步伐，享受智慧升级带来的便利。

设备运行监测：美的为所有的离心机和螺杆机设备配装了 4G 模块，智能化地收集所有机器运行数据及现场操作数据，并通过云平台传输至云管家智能管理中心。管理人员可以通过后台终端实时查看设备运行状态，极大提高了工作效率。

预测性维护：iBUILDING Service 基于大数据对设备运行状况进行预测分析，并输出机组运行评价、机组故障预警、能耗优化建议等，进而为用户提供包括定期巡检、油系统保养、水系统保养、氟系统保养、润滑油系统保养等在内的故障前维保服务，有效提升设备的安全性和可靠性，延长设备无故障运行时间，降低系统综合运行费用，全方位延长设备使用寿命。

故障诊断：一旦机组发生故障，iBUILDING Service 便会将故障信息自动推送至美的售后系统并生成工单。遍布全国的 3600 多家售后服务站点 7×24 小时待命，确保第一时间安排专业服务人员到达现场进行处理，真正做到故障的极速响应。

节能减排：iBUILDING Service 汇集了蓄能、变频、能量回收等方面的技术，通过将工业设备与工业互联网、物联网、云计算等创新技术有机结合，为客户提供全方位的节能技术咨询及节能改造服务，充分挖掘智慧建筑节能潜力，帮助客户实现节能降耗。

应用成效：美的基于 iBUILDING Service，实现了大楼内空调等设备的集中控制和管理，使楼宇温度快速达到设定值，同时还可实时监测大楼的能源使用情况。在相同工况下，能耗电量大幅降低。通过 iBUILDING Service，美的可以及时发现能源浪费和效率低下的问题。

三、行业路径

在新技术引擎方面，消费品行业应加速智能设备联网，构建个性化服务价值创造模式。以智能家居和可穿戴设备为代表的消费产品，利用传感、无线通信、边缘计算等技术打造具备边缘计算和联网传输能力的智能化设备。通过收集消费者数据并结合大数据分析，企业能够更深入地了解消费者偏好和行为模式，从而预测消费需求，并为消费者提供个性化产品推荐和智能化售后服务，推动消费品企业的服务模式变革。同时，基于对用户数据和售后反馈的分析，企业能够掌握产品优缺点和消费者潜在需求，进而持续优化产品和服务，以满足快速变化的消费市场需求。

在新要素体系方面，消费品行业应致力于打通产供销信息流通渠道，并基于消费者数据，优化资源配置。借助智能联网设备、线上消费平台、数字销售渠道等数字产品和手段，企业能够广泛收集市场偏好趋势、产品销售和使用反馈、竞争对手策略等数据。借助大数据分析等数字技术，企业可以制订更为精准的竞争策略以及更为合理的生产和供应计划，拓宽营销推广渠道，优化产业链供应链管理，从而打造产供销全面协同的产品体系。以上做法将畅通产业链供应链循环，促进生产资源要素跨企业、跨行业、跨区域合理流动，不断提高消费品产业链应对市场波动的韧性。

在新生产方式方面，消费品行业应实施柔性化、智能化的生产策略，以实现多品种、小批量、零库存运转。应聚焦终端用户个性化需求，推动生产管理类信息系统等数字工具与业务场景融合应用，打造模块化组合、大规模混线生产等柔性生产体系。根据产品订单或消费者个性需求，灵活调整制造任务和产线配置，确保在产品质量稳定、生产成本不变、工期不延长的情况下，实现批量规模与品种类型之间的精准平衡，提高个性化产品的生产效率。

在新组织形态方面，消费品行业应优化组织结构和管理模式，以快速响应市场需求。通过引入企业资源规划、客户关系管理、供应链管理等数字化工具，支持全业务流程数字化转型，重塑业务流程，构建扁平化的组织结构，以此提高信息传递速度，有效缩短决策周期。同时，借助数字化管理系统，建立快速决策、信息共享、流程优化等机制，促进各部门之间协同工作，灵活调整各团队的职能和分工，加强跨部门协作配合，提高企业整体的灵活性和响应速度。

在新产业体系方面，消费品行业应重塑产品质量管理模式，提高产品生产和质量追溯能力。通过引入数字化生产线，推动工业软件和核心智能装备应用，实现生产过程的全面数字化。对生产过程中产生的海量数据进行分析和挖掘，及时发现生产过程中的问题和隐患，并采取措施进行改进和优化，从而提高消费品生产环节的管理水平和质量保障能力。同时，利用质量管理等数字系统打通原材料进货检验、生产过程质量控制、成品出厂检验的数据联通渠道，记录和追溯产品的生产过程和质量信息，建立质量追溯体系，提高消费品质量和可靠性，打造良好的品牌形象，提高消费品供给的质量和效率。

在新发展要求方面，消费品行业应依托泛在连接和全面贯通的决策分析，实现绿色可持续发展。面对日益提高的低碳生产和绿色发展要求，轻工、纺织等重点消费品行业应通过产线技术改造和加装智能计量装备等方式，建立生产过程水、电、气、热等能源使用情况的统计和监控体系。基于能耗数据处理和分析，及时识别用能异常，优化生产过程中的能源消耗、废弃物处理和排放管理，促进生产能源的高效利用，降低生产过程的碳排放水平。

在新治理模式方面，消费品行业应优化公共服务供给，加快重点企业数字化转型步伐。针对消费品行业企业数字化转型过程中的痛点问题和迫切需求，应靶向集聚人才、资金、技术等要素，夯实人才实训、解决方案开发、供需对接等服务体系，降低消费品行业转型成本和门槛。同时，加快布局一批消费品行业数字化转型促进中心，全面汇聚和精准对接各类供需信息，建立供需联动机制，优化消费品行业治理水平，提高行业整体竞争力。

CHAPTER 19 | 第十九章
电子信息行业：以高端精密为主导的路径

电子信息行业是国民经济的战略性、基础性、先导性产业，不仅是加快工业转型升级和加快国民经济及社会信息化建设的技术支撑与物质基础，更是维护国防安全和保障国家信息安全的重要基石。随着科技的不断发展，个人电脑、智能手机等电子产品快速普及，极大推动了电子信息产品的需求增长。同时，得益于大数据和人工智能技术的广泛应用，电子信息产品在功能方面取得巨大突破，对数据存储、计算和处理能力提出了更高要求，推动电子信息行业向高端化、精密化发展。在此背景下，电子信息企业利用数字技术，提高产品生产全流程高端化、智能化、精细化管理水平，以确保产品质量的稳定性和一致性。这一举措不仅推动电子信息行业的产业链向高附加值领域延伸，更为行业走出了一条以高端精密为主导的新型工业化发展路径。

一、发展趋势

（一）设备管理从粗放管理向精细化管控转变

电子信息行业的流水线生产需要依赖大量的生产设备。传统的设备管理方式因设备管理不及时、不到位，常导致生产停机、贵重设备提前报废、产品质量隐患等问题，给电子信息企业造成巨大损失。特别是对于产品一致性和可靠性要求高的电子元器件领域，以及对于加工精度要求高的精密元器件和精密模具领域，生产设备的微小偏差都会造成产品质量的大幅下滑。随着新一代信息技术的应用发展，传感器、自适应感知、精确控制与执行等数据采集技术使覆盖设备全生命周期的实时态势感知、远程故障诊断和预测性维护成为可能，有效降低设备运维成本，提高产品质量和生产可靠性。电子信息企业能利用物联网等技术，实现设备运行状态的远程监控与管理，并结合运行预测模型和故障诊断算法，提前预判设备的故障风险，主动进行维护与修复，从而提高电子行业设备运行效率，提升电子产品质量性能，使企业在激烈的市场竞争中占据领先地位。

（二）制造生产从手工组装向人机协同转变

我国是电子信息产品制造大国，但是从国际产业价值链分工来看，仍处于全球价值链的中低端。众多电子产品代工制造商在组装等环节仍然存在较多的人工作业场景。随着电子信息产品结构和功能的复杂程度不断提高，手工作业已逐渐无法满足电子产品精密的组装操作要求。而且，相对于自动化设备，人工操作容易出现人为因素造成的误差，导致产品缺陷或者质量波动，影响产品质量一致性。对此，电子信息行业结合自动化反馈控制、闭环算法、模式识别等技术，将工人的知识和经验转化为机理模型，借助自动化传感器、高分辨率相机、驱动装置等设备，提高电子信息产业元器件定位、焊接、组装等加工工艺精度，发挥自动化生产线和机器人等工业设备的高精准、高效率优势，提升设备精细化和智能化生产能力。同时，通过实时监测加工过程，将员工从单纯组装等机械式工作中解放出来，转而从事更复杂的脑力活动，逐步提高电子产线的加工精度和生产效率，提高产品的质量和一致性。

（三）质量检测从人工检测向智能检测转变

随着电子信息技术的飞速发展，电子产品加速向小型化、精密化、集成化演进。然而，传统人工检测方法存在主观性强、精确度低等问题，已无法满足市场对电子信息产品质量检测精度和准确度的要求。尤其在军工等对电子可靠性要求较高的领域，需要对电子产品进行全检，给质量检测环节带来了巨大压力。随着人工智能、数据分析等技术在工业场景中的应用不断深入，自动化检验检测设备能够实现高效准确的自动化缺陷检测和分类，并依据收集的产品质量数据，追溯产品质量问题的根本原因，结合数学模型和算法指导元件选型、工艺优化和参数修正，有效提升质检环节的效率和准确度。电子信息行业利用自动光学检测（AOI）、自动电测试（ATE）等技术实现高速、高精度的缺陷检测，这些技术不仅能够排除人为错误和主观因素干扰，还能够减小检测分级误差，提高电子信息产品的生产率和检测精度。

（四）产业链供应链从自主生产向全球化协作转变

电子信息行业生产涉及多种电子元器件和配件材料，包含电路设计、生产、封装、测试等众多环节，这就需要产业链供应链上下游实现高效协作，以快速响应市场对电子产品的供给需求。当前，电子信息行业在各个环节的企业分工逐步精细化和专业化，已经形成了高度细分的产业链。同时，全球供应链能力的提高也使电子行业具备了全球范围内的供应链体系管理能力。在全球化背景下，电子信息行业通过建立全球协作的网络和平台，使产品设计、生产和供应体系逐渐跨越不同的国家和地区，并在多个企业之间建立了密切的协同合作。这些合作实现了产品采购、生产、库存、物流等方面的信息共享、资源共享和利益共享，推进形成了更加高效的合作和发展，进一步塑造了电子信息行业持续发展和创新能力。

二、典型场景

（一）数据驱动的智能化设备管控

基于物联网平台等技术，实时采集生产设备的温度、电压、电流等数据，实现生产设备全面、实时、精确的状态感知。结合大数据分析技术，我们能够精准定位设备故障，预测设备关键部件变化趋势、使用寿命和潜在风险，预判设备零部件的损坏时间，并据此提前主动进行维护服务。

> **案例　研祥智能科技股份有限公司生产设备管理与故障预测模式**
>
> 痛点问题：在电子信息行业，产品的质量和生产效率很大程度上依赖精密设备的支持。研祥智能科技股份有限公司（简称研祥）借助"5G+工业互联网平台"技术手段，建立设备故障预测与健康管理系统（PHM），实现边缘计算和预测性维护，从而确保生产设备的稳定运行，有效提高生产效率和产品质量。

实施方案：研祥借助工业互联网平台，建立了设备之间的数据采集系统，实现了设备联网和数据互联。该系统针对关键生产和物流设备，进行实时数据收集和智能监测，并基于设备的历史数据与当前运行状态，实现数据驱动的设备寿命预测、故障预测、工艺优化。

设备数据采集：基于工业互联网平台边缘智能网关、边缘控制器、边缘服务器等，记录设备生命周期各阶段的业务数据，并为资产运营提供基础分析数据。

设备互联与系统集成：研祥通过工业互联网平台实现信息系统全面集成，加强设备到系统对接；通过5G降低流程管控、质量点检、设备能耗等数据采集和处理的时延，实现数据在设备间的高速传递。

设备数据应用：研祥基于工业互联网平台建立一套以设备为核心的数据通信管理分析建模体系，能够汇聚设备故障和维修信息，真实反映设备的运行状况，并深入分析设备故障的原因、频率以及维修成本。这一体系为优化设备管理流程提供了坚实的数据支撑，对精准制订设备维护计划和优化资源配置有很大帮助，能够提高企业整体的运营效率。

应用成效：研祥在实施先进的设备管理策略后，取得了显著的成效。设备维护成本降低了5%~15%，零部件库存量减少了15%~30%，人员安全系数提高了10%~20%。此外，研祥还实现了提前7~90天预测设备故障，并且预警准确率高达90%。

（二）人机协同提高重复性工作效率

电子信息企业通过将信息通信技术与电子信息产品制造生产单元相融合，实现机器设备人机一体化协同作业。在插件、焊接、检验等重复性和高强度的工作环节中，企业利用人机协同技术，将机器人精度高、速度快的生产能力与工作人员的灵活判断能力相结合，进一步提高生产装备和资源的使用效率。

案例　四川锐腾电子有限公司打造人机协同智能作业模式

痛点问题：在电子制造领域，传统的生产线作业模式存在着一些痛点问题。首先，生产线上的工人需要承担高强度、重复性的工作，容易产生疲劳，造成产品生产误差。其次，生产线上各个工位的协同作业不够高效，影响整体生产效率。此外，品质控制往往依赖于人工检查，难以保证产品的稳定性和一致性。以上这些问题极大制约了电子信息行业生产效率和产品质量的提高。

实施方案：四川锐腾电子有限公司采用人机协同技术，引入自动化生产线和高精度机器人，构建了人机协同作业系统。在此系统中，机器人负责执行高重复性、高精确度的工序，如精密零部件的加工、组装等，减轻工人的劳动强度。人机协同作业系统实现了生产线上的各个工位之间的信息共享和协同作业，操作员则负责监控和调整机器人的工作状态，确保生产过程的顺利进行。

协同作业：通过实时数据传输和任务调度，人机协同作业系统优化了生产流程。同时，该系统将机器人和工人有效地协同起来，共同提高生产效率和产品质量。

数据分析与优化：人机协同作业系统全面采集和分析生产线数据，生成丰富的数据报表和图表，帮助企业进行生产过程优化、品质控制和决策制订。通过数据分析，企业可以发现生产过程中的问题，及时提出改进措施和优化方案。

安全保障：依托完善的安全保障机制，人机协同作业系统可有效预防安全事故的发生，整体提高工作环境的安全性，大大降低工伤事故风险。

应用成效：四川锐腾电子有限公司通过构建人机协同作业系统，使产品生产效率提升了 33%，人工成本节约了约 66%。自动化设备的引入减少了部分生产环节对人力资源的依赖，避免了人为失误导致的产品质量波动，提高了产品的精度和质量稳定性。

（三）高精度自动化产品质量检测

电子信息企业利用机器视觉、人工智能等数字技术以及传感器、工业相机等自动化设备，并结合产品质量分析模型，能够精准识别电子产品在外观、尺寸、零件等方面的异常或缺陷，从而实现对异常产品的快速准确响应，有效降低人为检测错误。同时，企业还通过机器学习算法对采集的电子产品质量数据进行处理和分析，依据产品的特征和历史数据，预测和识别质量问题，指导电子产品线工艺参数调优，消除质量管理环节隐患，进一步提高产品质量控制精度。

> **案例　欣旺达电子股份有限公司打造锂离子电池模组质量管控模式**
>
> 痛点问题：作为电源设备，3C产品电池的安全性直接关系到用户的生命财产安全。质量检测和控制是确保3C产品电池质量符合规定标准的关键环节。欣旺达电子股份有限公司（简称欣旺达）对电池的原材料、生产过程以及成品进行全面的检测和测试，旨在及时发现并解决可能存在的质量问题，以确保出厂电池在正常使用条件下不会发生短路、过充、过放等问题，保障用户的使用安全。
>
> 实施方案：欣旺达依托点链工业互联网平台，构建了"三中台，一后台"的运营管理体系。该体系结合企业级生产与管理数据基础，利用大数据技术指导工艺参数优化和设备运维，确保产品质量和性能的稳定性，进而提升企业的品牌形象和竞争力。
>
> 全过程质量管理：质量管理系统贯穿了3C电池产品的整个生产流程，包括来料质量控制、过程质量管理、成品质量检验。来料质量控制环节通过严格的原材料检验，确保用于电池生产的材料符合高标准的质量要求。在过程质量管理中，质量管理系统实时监控生产线的各工艺环节，确保参数稳定、操作流程规范。成品质量检验环节借助自动化测试

设备对电池的性能、安全性、可靠性等进行全面检验测试，确保成品生产质量。

统计控制分析：统计控制分析系统实时收集生产过程中产品、设备、人员等系统参数，并将其绘制在事先确定好的控制线上。通过分析图表，欣旺达可以实时了解产品质量在生产过程中的稳定性，及时发现质量异常波动趋势。一旦产品质量参数超出控制线，运营管理体系将自动启动预警机制，并协助品质人员迅速判断问题原因和采取相应的纠正措施。

产品质量闭环管理：在3C电池生产过程中，产品质量闭环管理主要体现在对生产管理过程中所有异常情况的闭环处理。一旦检测到生产过程中的任何异常，质量管理系统将自动反馈并调派相关人员进行处理。同时，质量管理系统还会自动跟踪处理进度，以确保每一个异常情况都能得到及时、有效的解决。此外，这些处理经验和知识会被系统自动存入知识经验库，为后续的生产活动提供借鉴。这种闭环管理模式不仅提高了生产效率和产品质量，还帮助企业持续积累和优化生产管理经验。

应用成效：质检部门通过全面的数字化改革，实现了检验过程与结果的数字化记录，节省了约35%的人力成本。此外，质量问题的追溯过程也得到了优化，变得更加透明和系统化。质量管理系统能够精准记录企业与供应商及客户业务相关的问题，并指导质量工作人员在线上进行高效处置，使质量问题的追溯效率提升了约54%。

（四）产业链资源高效配置和动态协同

企业通过部署生产全环节数据采集系统，利用物联网等技术手段实时采集企业内的设备、工具、物料、人力等数据。企业可根据实时采集的这些数据精准掌握现场物料消耗情况，并结合库存安排供应商进行精准配货，实现生产、库存的动态调整优化，有效降低库存成本。面向产业链上下游，企业可以工业互联网平台为连接枢纽，全面获取供应链上下游排产、生产、库存、质量、物流方面的运行数据，结合供应链协同模型，优化全供应链资源配置，实现供应链的动态、精准协同。

案例　重庆舟海智能科技股份有限公司建立高效的智能穿戴产业链协同模式

痛点问题：重庆舟海智能科技股份有限公司（简称舟海智能）主营业务涵盖智能穿戴产品研发和整机组装销售。面对激烈的市场竞争，公司迫切需要构建客户订单的快速响应与交付能力，同时提升采购、销售交付、库存管理等产业链协同水平。

实施方案：舟海智能针对其业务流程的实际需求，引入金蝶 ERP 系统，与其自研的 MES 系统相结合形成 MES-ERP 系统，改进采购、生产、仓储、销售和经营管理模式。这一举措将企业的财务、采购、生产、销售、库存等业务功能整合到一个信息管理平台，实现了销售订单、原料采购订单、生产原料投料等数据的实时管控，在实现降本、提质、增效的同时，推动企业内部和产业链供应链协同模式变革。如今，舟海智能实现了信息数据的标准化、系统运行的集成化、业务流程的合理化、绩效监控的动态化以及管理改善的持续化。凭借这些优势，舟海智能已成功转型为一家集研发与生产于一体的、具备一流水平的智能穿戴产品制造商。

多途径采购管理：MES-ERP 系统可按照物料、供应商等信息进行采购申请合并，也可根据在供应商供货信息中录入的供货比例自动生成采购订单，还可根据采购申请单下推生成采购订单。

库存管理：MES-ERP 系统提供批号管理功能，能够实现批次的全程跟踪，并支持批号调整、分批、合批处理。MES-ERP 系统功能涵盖物料基础数据定义中的保质期参数设置、系统选项设置中的保质期预警参数调整、出入库操作时保质期数据录入、系统自动预警及保质期报表生产等。同时，还提供安全库存预警、最高库存预警以及最低库存预警。此外，MES-ERP 系统还支持物料序列号管理，并具有序列号流向跟踪功能。

销售管理：MES-ERP 系统具有模拟报价功能，并提供从模拟报价到销售报价的流程管理，以及销售报价的变更与生效管理。企业需要针对不同的客户、不同的销售数量和不同的时间，制订不同的价格政策和价格折扣，以此来进行市场调控，扩大销售规模。

应用成效：舟海智能通过构建产供销协同管控能力，以客户订单为驱动，推进数字化车间项目建设。在此过程中，舟海智能通过金蝶 ERP 系统与本公司自研 MES 系统的有效连接，成功打通了生产采购、生产执行、仓储物流、成品交付、财务核算等业务活动的在线化流程，实现了销售订单、采购订单、物料和成品出入库、生产执行、应收、应付等信息的全面数字化管理。这一举措显著提高了公司销售订单的响应速度，进而优化了采购效率、生产效率、交付效率以及财务核算效率，确保了每个订单的信息流、物流、资金流的实时同步，有效提高了运营管理效率和供应链协同水平，降低了管理成本，为客户带来了更好的体验。

三、行业路径

在新技术引擎方面，电子信息行业应深化数字技术与生产设备的融合，提升电子信息产品生产精细化水平。一是以数字化转型为契机，利用"5G+AI+VR+行业应用"的融合型场景，打造重点生产设备的数字孪生体，高速获取生产过程中重点设备启停状态、生产温度、元器件余料等信息，实现生产状态的动态整合。二是通过边缘计算实现设备技术装置、运行速度等功能模块的精准控制，并持续优化相关参数，以此大幅提高电子信息行业生产加工精度和生产效率，保持企业的市场竞争优势。

在新要素体系方面，电子信息行业应加速构建行业运行指数，实现行业内高效协同。一是基于电子信息行业企业在制造、供应链、研发设计、产品销售等环节的现有数字化转型基础，对行业工业互联网平台或行业协同平台等渠道的生产经营活动进行跟踪、汇总和动态分析，以精准绘制行业运行指数。二是基于大数据模型对行业运行健康水平进行深入分析，精准定位产业链供应链的潜在风险点，协助行业协会等机构及时引导企业调整商业策略，有效应对国内外市场形势波动，对冲部分行业风险，提高我国电子信息行业的市场韧性。

在新生产方式方面，电子信息行业应充分利用工业软件辅助生产，提高智能化管理水平。一是利用生产管理类工业软件调用数学模型，实现对设备状态的实时监测、故障诊断、预测性维护和自主控制，提高设备智能管控、智能排产以及精益管理水平。二是通过搭建产业协同平台等渠道，打通供应链上下游的信息流通堵点，实现企业内和企业间的供应链协同，有效提高电子信息行业供应链整体的资源配置效率，巩固我国电子产业市场优势。

在新组织形态方面，电子信息行业应基于数据驱动柔性管理模式，拓宽企业创新合作边界。随着全球一体化进程加快，电子信息行业应通过远程协作平台创新管理模式，连接不同资源要素，跨越地域限制，实现协同工作和信息共享，推动组织形态向液态型发展，提高协同效率和灵活性，增加企业对自身的掌控力和对合作方的引导力，实现企业内外部的全面合作。

在新产业体系方面，电子信息行业应推广智能化生产和平台化设计新模式，推动产业高端化发展。一是借助外传感器等，实现生产设备与信息系统互联互通，确保生产制造过程实现智能监控和高效管理。二是基于工业互联网平台等数字渠道，构建开放合作的生态系统，通过共享资源，加速技术互补和创新，使企业在电子产品功能创新、性能提升等方面保持竞争力，提高产品附加值和科技含量。

在新发展要求方面，电子信息行业应提升智能监管水平，化解安全风险隐患并提高环保效益。一是利用传感器、监控等智能联网设备，全面监测电子产品生产过程中的环境温度、湿度、气体浓度等参数，及时发现潜在的安全风险并采取相应措施，预防事故发生。二是对自动化生产设备、焊接设备等高能耗设备进行用能实时监测和精细化管理，发现能源使用的潜在问题和优化空间，减少能源浪费，降低环境污染，提高绿色化生产水平。

在新治理模式方面，电子信息行业应创新治理工具，巩固全球竞争优势。一是引导重点工业园区、产业集群等管理部门发展数字化招商，深化产业大脑等工具的使用，精准生成潜在招商企业名录，提高招商工作效率。二是面向电子信息产业集聚区，建立产能共享平台，促进订单需求与生产能力的精准对接，提高关键产品质量保障能力，打造电子信息行业品牌影响力，进一步巩固行业的全球竞争优势。

CHAPTER 20

第二十章
政府层面:打好数字化转型政策"组合拳"

政府作为数字化转型的管理者和引导者，应立足当前，着眼长远，统筹谋划，提前布局。在强化顶层设计、创新体制机制、加大资金支持、加强人才培养等方面发挥引导作用，营造良好的政策环境，进一步释放数字化转型对新型工业化的赋能效应。

一、注重战略引领，形成数字化转型全国"一盘棋"

（一）加强政策顶层设计

一是深入开展数字化转型赋能新型工业化发展相关政策研究，客观分析发展现状与存在的问题，理性审视发展过程中的机遇与挑战，明确下一步的推进思路、重点任务和保障措施等，为制订下阶段的指导性文件提供科学依据。二是针对原材料、装备制造、消费品、电子信息等重点行业，系统梳理行业痛点场景，分类施策，制订详细的数字化转型路线图，对生产制造全过程进行系统改造。三是定期组织专家组或第三方机构对政策实施进展、创新举措和取得的成效等进行阶段考核和跟踪评估，形成稳定持续的政策调整优化机制。

（二）完善一体推进机制

一是研究制订与国家战略相配套、与区域发展相适应的数字化转型发展政策，通过综合采取产业、财政、科研、人才等政策手段，充分发挥各方比较优势和资源禀赋。二是鼓励地方政府结合实际，健全工作推进协调机制，围绕制造业数字化转型的重点领域、关键环节和共性需求等内容，积极探索和创新数字化转型的路径和模式，为以数字化转型赋能新型工业化发展积累经验。

二、创新体制机制，激活数字化转型制度"势能"

（一）深化体制机制改革

合理有效的体制机制是推动数字化转型高效规范开展的重要制度性保障。要抓住数字化转型的"牛鼻子"，推动各领域体制机制改革创新，构建与数字化转型发展相适应的新型机构职能体系。一是创新发展环境，坚持底线思维和红线管理理念，推动有效市场和有为政府更好结合，持续优化管理和服务，提升数字治理的能力和水平。二是深化"放管服"改革，大幅简化融合发展领域的行政审批流程，降低准入门槛。对新型数字产品和服务实行包容审慎有效监管，推动建立健全协同监管机制，提高常态化监管水平。三是加快构建"0—1"的试点示范机制和"1—N"的应用推广机制，加大全流程制度保障力度，提高数字化转型整体势能。四是鼓励地方结合优势产业链特点，优化重点产业数字化转型"链长制"，强化协作指挥、链长交流互动以及服务快速保障，提高产业链服务能力和项目推进落地能力。

（二）完善法律法规体系

完善法律法规体系不仅有利于释放数字经济对产业升级的放大和倍增作用，还有利于推进数字资源赋能传统产业转型升级。一是针对企业数字化转型引发的利益冲突、监管缺失等问题，开展前瞻性的法律储备研究，引导相关部门加快管理和业务创新，统筹数字化转型立法需求和现有法律的延伸适用，构建符合国情的数字化转型法律法规体系。二是完善数据资源管理，加快制定数据资产、数据交易、数据标注等数据要素市场基础制度配套政策，建立适应工业大数据资源完善、价值实现、质量保证、安全可控的管控协调机制，引导行业组织、骨干企业制订完善工业大数据在确权、流通、交易、保护等方面的标准规范。

三、加大资金支持，实现数字化转型精准"滴灌"

（一）加大财税政策支持

鉴于工业企业数字化转型周期长、投资大的特点，政府需要加大对企业数字化转型的财税政策支持力度。一是对工业企业数字化转型项目进行贷款贴息，具体可按照项目的数字化设备及其配套装置、数字化系统、工业软件等数字化建设的银行贷款利息支出给予补贴。二是发挥好研发费用加计扣除、技术转让税收优惠等政策作用。尝试将中小企业开展数字化转型的投入成本，纳入研发费用统计口径范围，使中小企业享受税前加计扣除政策。三是鼓励有条件的地区充分发挥地方专项资金作用，对开展数字化转型的中小企业给予启动性资金支持。

（二）强化金融服务支撑

一是鼓励金融机构结合工业企业数字化转型的融资需求和特点，创新推出"技改专项贷款""数字化转型专项贷""数字贷+贷款贴息+贷款风险补偿"等金融产品，以满足工业企业数字化转型全生命周期的特色信贷服务。二是推动银企合作，鼓励银行机构与工业互联网企业携手，基于企业生产数据，探索开发个性化、精准化的金融产品。三是引导金融机构积极支持中小企业在数字化设备更新、数字化服务购买等方面的中长期资金需求，助力中小企业数字化转型。四是对在工业企业数字化转型金融创新方面表现积极的银行，给予政策性奖励、地方财政存款支持等定向支持。

四、加强数字人才培养，打造数字化转型"生力军"

（一）健全数字人才培养体系

一是加强数字化转型领域新学科建设，鼓励和支持高校大力发展数字化、智能化、信息化相关专业，在专业设置、师资配备、招生规模等方面向数字技能人才培养倾斜，并依据数字化转型发展新需求，及时调整培养方案。同时，瞄准前沿领域，建设一批未来技术学院和现代产业学院，提升实践教学的比重。二是加强行业紧缺的数字技能项目制培训，发布产业需求大、企业急需的工种名录，引导培训机构"揭榜挂帅"开展高质量培训。三是鼓励领军企业深度参与高校人才培养，大力支持企业与院校共建一批联合实验室、实习基地、职业技能培训和服务平台等，深化校企合作、产教融合，推动订单制、现代学徒制等多元化人才培养模式的发展。四是针对重点领域的高层次、骨干专业人才、企业高级管理人员等群体开展大规模继续教育，培育其数字化思维、增强数字化意识，提高其驾驭数字化发展的能力。

（二）引进海外高素质数字人才

一是制订海外数字人才引进规划和需求清单，不断扩大海外高素质数字人才引进规模。二是全力支持数字技术相关国家重点实验室建设，重点支持有实力的科研机构争创国际知名科研平台，扩大我国科研机构在国际上的知名度。三是鼓励国内相关政府部门、科研机构、企业等联合创办高水平、高层次、有影响力的国际数字人才论坛或会议，促进国内外数字人才合作交流。四是依托各类引才引智计划，吸引全球优秀人才，同时完善人才评价激励机制，加强高层次人才和团队的引进工作。

第二十一章
企业层面：探索数字化企业成长"新曲线"

CHAPTER 21

企业是推进数字化转型的主体，既包括提供解决方案的数字化服务企业，也包括实施数字化转型的传统制造企业。为此，需要对企业进行分类打造，通过壮大数字化转型服务商队伍、打造龙头企业转型标杆、提升中小企业转型能力等途径，不断提升各类企业数字化转型的潜力与活力，形成协同高效、创新活跃、群雁齐飞的数字化转型新格局。

一、培育壮大数字化转型服务商，丰富转型服务"资源池"

（一）壮大系统解决方案提供商队伍

数字化转型的持续推进需要强有力的服务供给，应大力培育专业化系统解决方案服务商，提高集成技术产品、知识方法、规划咨询、智慧运维等综合服务能力，进而帮助工业企业全领域、全方位、全流程转型升级。一是鼓励行业标杆企业、装备制造企业、信息技术企业面向生产全过程、全产业链、产品全生命周期，开展综合性解决方案的研发与应用。二是聚焦新技术应用和特定场景需求，培育技术型、专业型解决方案提供商，打造一批针对细分领域的先进适用、稳定可靠、具有高性价比的系统解决方案。三是整合行业数字化转型解决方案供应商名录，分行业、分领域绘制数字化转型供应商图谱，制订行业数字化转型解决方案评价指标体系，根据解决方案技术成熟度、交易量、用户数、发展潜力等指标判断解决方案服务水平，构建动态调整的数字化转型解决方案服务商资源池。

（二）丰富重点行业解决方案供给

分行业、分环节培育一批高价值行业解决方案，有效提升行业系统解决方案专业化、集成化水平。一是针对重点行业设备管理特定问题，开发设备运行状态监测与预警、故障诊断与预测维护等模型，形成特定设备专用预测性维护方案，提高设备的管理效率和智能化水平。二是围绕企业生产管理环节，梳理重点行业企业在研发设计、生产过程优化、精益管理等环节中的痛点问题，综合利用机理模型，形成特定场景解决方案，优化企业生产管理。三是针对重点行业在供应链上下游存在的信息对接不到位、供需不匹配等一系列问题，结合企业硬件设施和运营环境，强化供应商管理、柔性供应链等应用服务，打造企业内部和企业间的供应链协同解决方案，提高供应链整体的资源配置效率。四是针对石化等安全管理要求较为严格的行业，重点研发安全监管解决方案和应急指挥解决方案，实现对企业生产风险的实时监测和提前预警。

（三）发展面向中小企业的转型服务

一是引导数字化转型服务商梳理中小企业数字化转型需求，分阶段、分场景为中小企业研制个性化、差异化解决方案，帮助中小企业选择最适合自身发展的数字化转型路径。二是引导各类数字化转型服务商深化合作，加大资源整合和服务集成力度，提升全链条、全环节、全流程服务能力，为中小企业提供涵盖评估规划、设备改造、系统上云和人才培训等全方位服务，推动转型逐步深化。三是探索建立政府—金融机构—平台—中小微企业联动机制，以专项资金、金融扶持等形式鼓励平台为中小企业提供云计算、大数据、人工智能等技术。同时，推动工业互联网平台提供低成本、快部署、易运维、强安全的轻量化工具，有效降低中小企业数字化转型门槛。

二、龙头企业先行先试，下好数字化转型"先手棋"

（一）打造数字化转型领航标杆

龙头企业作为数字化转型的领跑者，可通过示范引领，带动产业链上下游企业转型升级。为更好发挥龙头企业对行业数字化转型的关键引领作用，需着力做好以下几个方面：

一是支持龙头企业面向生产制造的全要素、全流程、全生态开展数字化转型，打造技术实力强、业务模式优、管理理念新、质量效益高的制造业数字化转型标杆。二是鼓励龙头企业成立数字化转型部门，依托企业的技术和产业优势，培育并推出先进的行业系统解决方案，提升专业化服务能力。同时，引导行业内龙头企业构建行业级工业互联网平台，开放先进技术和应用场景，将数字化转型的典型模式和经验转化为标准化的解决方案，赋能企业并推动行业整体转型升级。三是推动以龙头企业为核心的研发设计、供应链采购、生产制造、产品服务等全方位协同，深化上下游企业在技术攻关、生产验证、标准制订等方面的合作，打造产业链互融共生、分工合作、利益共享的创新生态。

（二）深化业务流程集成创新

一是鼓励龙头企业利用新技术和新应用，进行全方位、多角度、全链条的改造升级，强化对智能化制造、网络化协同、个性化定制、服务化延伸、数字化管理等新模式新业态的探索和推广。同时，引导有条件的龙头企业探索人工智能、工业元宇宙等技术的集成创新应用，推动人、机器、数据等关键要素深度融合，构建数字孪生生产线、液态化组织、柔性供应链，探索三维立体、虚实融合的动态监测、预警、运营和决策等应用。二是推动流程制造行业的龙头企业普及高价值设备资产管理、安全环保管理、全流程一体化等模式，提高控制系统、装备装置等的数字化改造和连接水平。三是支持离散制造行业的龙头企业推广制品质量检测、设备健康管理、供应链追溯、跨领域融通服务等模式，加快企业全流程数字化改造与精准管控。

（三）加强与中小企业协同转型

一是发挥龙头企业、平台企业、链主企业在技术实力、整合能力以及产业链带动能力等方面的突出优势，加快推动产业链供应链上下游业务协同、资源整合和数据共享，驱动全要素、全产业链、全价值链实现深度互联，助力中小企业实现"链式"转型。二是鼓励龙头企业、平台企业面向上下游中小企业开放技术、订单、工具、人才、数据、知识等资源，在重点领域实现设备共享、产能对接、生产协同，吸引中小企业加快融入大企业供应链与创新链，系统赋能中小企业数字化转型。三是支持龙头企业、链主企业发布数字化转型技术创新和配套需求，鼓励中小企业参与"揭榜"，以此推动形成大中小企业转型合力，有效提升产业链供应链韧性。

三、中小企业小步快跑，激发数字化转型"内生力"

（一）打造数字化转型"小灯塔"

中小企业量大面广，需求千差万别，而且囿于技术、资金、设备、人才等方面的压力，往往在数字化转型过程中动力不足、担忧较多。因此，在转型过程中，树立让同行业、同类型、同规模的中小企业自觉自愿学习仿效的数字化转型标杆十分必要。一方面，应支持有条件的中小企业利用先进技术和平台，改造提升核心关键环节，分层级推进数字化车间、智能工厂的建设，打造数字化转型"小灯塔"，树立一批行业、区域重点中小企业试点示范标杆。另一方面，应推动低成本、模块化的物联网设备在中小企业部署，增强中小企业数字化、网络化能力。

（二）增强中小企业数字化转型能力

一是推动中小企业深化新一代信息技术在研发、生产、经营、服务等方面的渗透融合，培育数字化创新能力、柔性生产运营能力、供应链协同能力、用户服务能力和生态合作能力，构建形成面向产业数字化的新型能力体系。二是拓展中小企业数字化应用新场景，推动业务模式变革，积极培育云制造、虚拟仿真、众创、众包、众筹等新业态，拓展数字化应用新场景。三是依托公共服务平台等行业资源，在中小企业中推广应用低成本、轻量化、易部署的技术、产品和解决方案，通过标准化、批量化的推广方式，帮助中小企业降低转型门槛，掌握共性转型路径，促进中小企业数字化转型的顺利进行。

（三）推动中小企业主动融入数字化生态

一是推动中小企业应用产业链供应链核心企业所搭建的数字化平台，融入产业生态圈，实现大中小企业协同转型。二是鼓励中小企业积极应用行业龙头企业提供的行业解决方案、工具、技术等，加快上云用云步伐，提高自身数字化水平。三是推动中小企业积极对接园区、集群生态资源，利用区域数字化公共服务平台，提高资源匹配和供需对接水平，加快融入区域制造业数字化转型生态。

CHAPTER
22

第二十二章
社会层面：激发第三方主体
转型"新活力"

数字化转型技术挑战多、业务再造难、转换成本高、短期收益低、试错风险大，需要社会力量的广泛参与和生态化服务的持续支撑，仅凭单方面力量很难顺利实现转型。应充分激发社会力量，发挥专家智库、行业协会、联盟机构、社会组织等的桥梁纽带作用，在开展基础研究、咨询评估、优化生态、制订标准等方面广泛整合资源服务，凝聚各方成功经验，打通有利于数字化转型的服务链，为数字化转型持续赋能新型工业化提供有力支撑。

一、加强基础研究创新，提高决策支撑能力

（一）加强重大问题战略研判

一方面，鼓励高校、科研院所、社会智库、企业智库等智力资源，围绕数字化转型战略性、全局性、前瞻性重大问题开展理论分析和调查研究，加强对国际国内企业数字化转型发展形势、问题和趋势的分析研判，特别是针对当前企业数字化转型面临的复杂形势和难点问题，研究提出对策建议。同时，围绕企业数字化转型的前沿和关键技术领域，开展系列调研和深入研究，并定期发布专著、白皮书、蓝皮书等多种形式的研究成果。另一方面，鼓励各地结合数字化转型需求，构建地方数字化转型专家智库，汇集专家智力资源，为明确数字化转型方向、制订数字化转型计划、推进重大项目工程等提供决策参考。

（二）推动产学研协同创新

一是依托产业联盟、行业协会和科研机构等社会力量，联合建立产业技术联合体和产学研联合体，共同构建数字化转型研发网络。二是建立创新资源汇聚和多元主体协同的常态化机制，通过开展关键核心技术攻关，解决制约数字化转型发展的关键共性技术问题。三是鼓励高校、科研机构借鉴国际先进经验，模仿美国设立高校和科研机构"概念验证基金"的做法，联合建立"概念验证中心"。同时，借助该"概念验证中心"对数字技术成果的商业前景、创业潜

力进行早期评估，提供从基础科研成果筛选、概念验证评估及验证后延伸对接的全链条服务，有效降低基础研究成果项目转化的风险和不确定性。

二、开展咨询评估服务，提高把脉问诊能力

（一）加大数字化转型咨询诊断

一方面，培育并壮大数字化转型诊断咨询服务机构，不断优化完善制造业数字化转型的成熟度评价模型和方法，为企业提供专业的数字化转型诊断服务。同时，协助企业找准数字化转型的难点和痛点，为企业量身设计既适用又实用的数字化改造方案，有效解决企业数字化转型过程中面临的业务和技术问题。另一方面，鼓励数字化人才丰富的地区设置数字专员等职位，并让数字专员深入一线提供"入驻式"诊断服务，开展企业数字化发展水平的全面评价，以"一企一档"的方式建立产业数字化评价结果档案库。

（二）开展数字化转型评估评价

鼓励地方建立完善的产业数字化转型评估体系，分类设置细分行业和区域产业的数字化转型发展水平评价指标，制订科学合理、操作性强的监测评估方法，定期开展面向不同行业、不同地区的数字化转型成效及水平评估，形成重点行业和区域数字化转型发展指数并定期向社会发布。在评估评价的基础上，构建形成分行业、分区域的数字化转型地图，帮助地方及时监测数字化转型成效、对标对表、查漏补缺。

三、优化转型服务生态，提高供需对接能力

（一）建设数字化转型服务载体

一是鼓励各地数字经济相关企业、科研院校、产业联盟等牵头建立数字

化转型促进中心，面向区域和行业数字化转型的实际需求，整合各方资源，为产业集聚区、产业链上下游企业、行业内中小企业等提供数字化转型促进服务。二是发挥工业互联网平台创新合作中心、公共服务平台等各类数字化转型服务平台在协同创新、精准对接等方面的优势，为产业链及企业提供线上线下相结合的政策咨询、技术支持、人员培训、方案推广等专业化公共服务。三是整合高校、科研院所、数字化转型服务商、工业企业等各方力量，组建制造业数字化转型服务联盟，优化联盟运作机制，加强行业间、企业间的信息共享、交流合作、能力共建等。

（二）畅通数字化转型对接渠道

一是通过政府购买服务、揭榜挂帅、发优惠券等方式，吸引更多解决方案提供商和企业参与到数字化转型诊断评估、解决方案资源池建设以及数字化转型场景打造中，构建需求发布、方案响应、指导实施、效果评估的能力闭环机制，形成数字化解决方案提供商和海量用户双向迭代的生态，实现数字化转型解决方案供需精准匹配。二是通过解决方案的产品推介会、成果展等多种形式的活动，打造解决方案供需对接平台，支撑解决方案服务商开展精准服务，加快成熟产品和解决方案的规模化应用推广，推动解决方案从可用向易用、好用转变。

（三）深化数字化转型交流合作

一是定期组织学术会议、高峰论坛、主题沙龙等交流活动，加强关于数字化转型的前瞻性问题研究，深化联盟、协会成员间的协同创新、跨界合作。二是开展创新创业大赛、深度行、现场会等活动，促进创新资源的交流和集聚，引导企业科学认识数字化转型的国家政策、产业形势和发展趋势。三是鼓励企业积极参加国内外的行业会议和展览活动，充分展示数字化转型创新成果，进一步扩大企业影响力。同时，组织企业考察团参观应用中心、产业园区、优秀企业等，学习数字化转型优秀经验，借鉴先进做法，查补自身不足，提升企业数字化转型水平。

四、推动标准规范研制,提高贯通发展能力

(一)加快标准研制与实施

标准体系建设能够凝练技术规范和管理要求,促进企业间、平台间互联互通,应加快关键和急需标准的研制与实施,充分发挥标准在推进数字化转型中的基础性、引领性作用。一是支持制造业龙头企业、行业协会等加快推进数据字典、信息模型、通信协议与接口、数据集成、数字孪生等数字化转型基础通用标准的研究制订和开放统一,并围绕装备数字化、数字化供应链、复杂产品数字化研发、数字化生产制造、产业园区和产业集群数字化等关键场景开展标准研制。二是加快数字化转型的基础设施层、数据层、平台层、应用层等不同层级间标准的互联互通和配套使用。

(二)促进标准应用推广

一是鼓励行业协会、标准化专业机构等围绕数字化转型的关键场景和细分方向,分领域、分区域、分行业推动标准宣贯培训、贯标实施与采信应用,引导企业在研发、生产、管理等环节对标达标,培育一批可复制、可借鉴的标准应用标杆样板。二是围绕标准的全生命周期管理,通过研制数字化转型应用实施指南、实施效果评价等相关标准,建立产业数字化转型绩效规范评价机制。

(三)加快标准国际化发展

一是引导各方积极参与国际标准和国家标准的制订,开展重点领域国内外标准对比分析,研究提炼亟待转化的国际标准项目清单,推动我国标准与国际标准体系兼容。二是加强国内外标准化组织、研究机构、学会协会、企业等相关方的合作与交流,提升我国数字化转型标准化的能力和影响力。

后记

《数字化转型赋能新型工业化：理论逻辑与策略路径》力求为中央及地方各级政府、相关企业及研究人员理解和把握数字化转型赋能新型工业化的理论逻辑、现实基础、发展趋势、总体策略和实践路径等提供参考。

本书由中国电子信息产业发展研究院院长张立同志担任主编。参与本书调研、编写和修改工作的主要人员包括：贾子君、张朝、鲁金萍、姚磊、宋颖昌、许旭、王婧、孙刚、牟华伟、李昀。

在研究和编写过程中，本书得到了赵敏、李红、翟燕驹、李晓华、盛朝迅、周剑等行业专家的大力支持和指导，在此一并表示诚挚的感谢。

本书虽经过研究人员和专家的严谨思考和不懈努力，但由于能力和水平有限，疏漏和不足之处在所难免，敬请广大读者和专家批评指正。同时，希望本书的出版，能为我国数字化转型管理工作及推进新型工业化提供有效支撑。